지켜보는 육아
해주는 육아에서 지켜보는 육아로

후지모리 헤이지 지음
공병호·한현정 옮김
공현진 그림

(주)에듀넷

▶ 옮긴이의 글

　1994년부터 몇몇 해를 제외하면 1월 출생아 수가 한 해 중에 가장 많았습니다. 그런데 2020년 1월에는 출생아 수가 직전 연도 동월에 비해 3522명이나 줄면서 3만 명 아래로 떨어졌습니다. 전문가들은 2020년이 우리나라 인구의 자연 감소 첫해로 기록될 것으로 전망하고 있습니다.

　이러한 저출산 시대에도 육아에 대한 관심도는 높아져가고 있습니다. 그러나 그에 따른 어려움도 많은 것 같습니다. 몇 년 전 광고회사 이노션월드와이드의 육아에 대한 인터넷 빅데이터 분석에 의하면, 육아 고민과 관련하여 아빠들의 연관어로는 '미안하다, 부족하다, 지치다, 좌절하다' 등이 주를 이뤘습니다. 육아에 대한 미숙함에 아이와 아내에게 미안해하거나 보다 적극적으로 참여하지 못해 아쉬워하는 감정이 두루 묻어나고 있습니다. 한편, 엄마들의 경우 '힘들다, 정보, 워킹맘, 스트레스, 속상하다' 등의 연관어가 높은 비중을 차지했습니다. 육아의 어려움과 스트레스에 정면으로 부딪쳐야 하는 엄마들의 고충이 투영된 결과로 보입니다.

　그럼 어떻게 하면 우리 아이를 행복하게 키울 수 있을까요?

　아이가 행복하길 바란다고 하면서 부모의 만족을 위해 아이를 희생시키고 있는 것은 아닐까요? 힘들게 살지 않길 바라기 때문에, 행복해야 하기 때문에 공부해야 하고 성공해야 한다는 것이 대부분의 부모 마음일 것입니다. 그러나 이런 생각이 정말 옳은 것일까요? 우리도 부모가 처음이기 때문에 어떻게 하는 것이 올바른 것인지 망설여질 때가 많습니다. 바른 부모가 되기 위해 부모도 끝없이 배워야 합니다.

아이는 부모의 소유물이 아닙니다. 아이는 하나의 독립된 인격체이고 그 아이가 스스로 할 수 있도록 도와주는 역할을 하는 이가 부모입니다. 이미 200년 전에 다산(茶山) 정약용 선생은 '아이들의 창의력을 차단하지 말라'고 가르쳤습니다. 과연 여러분은 어떻게 육아를 하고 있나요? 정해진 답을 요구하고 있지는 않나요? 그런 행동이 앞의 조사에서 보여주듯 여러분의 육아를 힘들게 하고 있지는 않을까요?

그럼 우리 아이를 위해 부모는 어디에 중점을 두어야 할까요? 2020년, 취학전 교육과 관련하여 정부에서는 전면적인 개선 방안을 제시하였습니다. 3월부터 2019 개정 누리과정(만 3~5세)이 적용되었고, 9월부터는 제4차 표준보육과정(만 0~2세)이 실시되었습니다. 이러한 변화는 그동안 영유아교육에 대한 질적 향상에 대한 요구, 현대사회의 변화에 맞는 교육과 보육에 대한 기대와 염원에서 비롯되었다고 생각합니다.

2019 개정 누리과정과 제4차 표준보육과정의 핵심은 '아동의 주도적인 놀이의 보장'에 있습니다. 그러나 이러한 방식을 적용한 어린이집과 유치원에서의 활동이 부모에게 자칫하면 아이를 '방임'하는 것으로 비칠 수 있다는 염려도 있습니다. 그도 그럴 것이 지금까지 부모가 아이에 대해 과잉 기대를 가지고 있듯이 어린이집이나 유치원에도 기대감을 갖고 있기 때문일지도 모릅니다. 영유아를 막론하고, 놀이는 곧 배움입니다. 즉, 어린이의 배움은 놀이 안에 있고, 놀이의 선택권 또한 영유아에게 있는 것입니다. 아이를 키운다는 것은 부모가 점점 아이와 관계된 일에 손을 더해가는 것이 아니라, 손을 빼는 과정일지도 모른다는 저자의 의미 깊은 제언에 다시 한 번 숙연해집니다.

육아에 대한 정보와 서적이 범람하는 가운데, 이 책은 어린이집과 유치원을 다니는 자녀를 둔 부모는 물론, 스스로 육아를 하고 있는 모든 부모에게 많은 도움을 줄 수 있다고 확신하며 출간을 서둘렀습니다. 이 책은 육아에 대한 기본적인 이해와 능력을 키우는 데 유용한 단서를 제공하는 한편, 우리 아이들은 과연 누구를 위해 그들의 삶을 살고 있는 것인지, 영유아교육에 대한 근본적인 재검토의 기회가 되리라고 봅니다.

저자의 문장 표현이 매우 섬세하여 번역 중 의역이 본래의 의미를 훼손할 수도 있으므로, 가독성을 높이기 위한 최소한의 경우를 제외하고는 가급적 원문에 충실하려고 노력했습니다. 이로 인해 단어나 문장의 표현에 다소 어색함이 있을 수 있으므로 미리 양해를 구하는 바입니다.

2016년 『지켜보는 보육』 그리고 얼마 전의 『0, 1, 2세의 보육』에 이어 이 책의 번역을 흔쾌히 수락해주신 후지모리 선생님께 지면을 빌어 깊은 감사의 말씀을 드립니다. 후지모리 선생님과 인연을 맺게 해준 김광명 선생님, 그리고 출간을 허락해주신 에듀넷 신은희 대표님 등 도움을 주신 많은 분들께도 고마움을 전하는 바입니다.

2021년 봄, 공병호·한현정

▶ 들어가며

오늘날에는 청소년에 의한 사건이 빈번하게 발생하고 있는 것 같습니다. 부모로서 내 아이는 그런 사건을 일으키지 않았으면 좋겠다, 타인에게 피해를 주지 않는 아이가 되었으면 좋겠다, 사건에 휘말리지 않았으면 좋겠다는 생각을 하지 않을 수 없습니다. 또한, 세상에 나갔을 때 너무 고생하지 않기 위해 좋은 회사나 좋은 직업을 가졌으면 좋겠고, 이를 위해 좋은 학교에 진학했으면 좋겠다고 생각하는 것은 당연한 일입니다.

앞으로의 일은 차치하고라도, 우선 어린이집, 유치원에서 집단 따돌림을 당하지는 않을까, 초등학교에 들어가면 교실 붕괴를 겪지 않을까, 등교 거부를 하면 어쩌지 하는 등의 걱정이 끊이질 않습니다. 그래서 어떻게 육아를 하면 좋을까, 아이에게 무엇을 해주어야 할까를 항상 고민합니다.

그러나 육아라는 것은 무엇인가를 하는 것뿐만 아니라, 아무 것도 하지 않는 것이기도 합니다. 또, 현명한 아이로 기르려고 열심히 하는 육아가, 실은 장래 아이가 필요로 하는 힘을 빼앗아 버릴 수도 있음을 명심해야 할 것입니다.

후지모리 헤이지

▶ 차례

- 옮긴이의 글   002
- 들어가며   006

Part 1 자립을 촉진하는 적당한 거리감

1. 지금 부모-자녀의 거리감에 대해 묻는다   012
   - 엄마칼럼: 아이 데리고 다니면 최고!?   016
2. 의존적 성격   018
   - 엄마칼럼 : 정말 신경 쓰이는 일   024
3. 아이에게 요구되는 힘   026
4. 주체적으로 활동하기와 배우려는 의욕   031
5. 자립   037
   - 엄마칼럼 : 식생활, 어떻게 하고 있어요?   044
6. 주체적으로 살아가기   046

Part 2 사람과 관계 맺음을 통하여 아이는 자란다

1. 사람과 관계 맺음으로 자율성을 배운다   054
   자기주장   060
   - 엄마칼럼 : 데이트   062

2. 문제를 일으키는 아이들 — 064
- 교실 붕괴 — 065
- 가만히 앉아있지 못하는 경우 — 068
- 성인식에서 난리 피우는 경우 — 071
- 쉽게 흥분하는 경우 — 075
- 공격적인 경우 — 077
- 은둔형 외톨이의 경우 — 080

:: 엄마칼럼 : 아이 재우기 — 084

3. 영유아기의 발달 — 086
- 조기교육 — 087
- 오늘날 유아, 청소년에게 결핍된 힘 — 090
- 전전두피질을 파괴하는 것 — 099
- 전두엽 키우기 — 102

Part 3 저출산 시대의 육아

1. 지역의 역할 — 108
- 집의 공간 나누기 — 108
- 사람과의 교류 — 111
- 서양화된 공동체 — 114

:: 엄마칼럼 : 일시보육과 자신에게 상 주기 — 116

2. 부모의 역할　　　　　　　　　　　　　**118**
　가족 중 아이의 위상　　　　　　　　　118
　저출산에 의한 '고립'　　　　　　　　 122
　스킨십(애착 관계)　　　　　　　　　　126
　부성과 모성　　　　　　　　　　　　　130

3. 지켜보는 것의 중요성　　　　　　　　**135**
　앞으로 키워야 할 아이들의 힘　　　　135
　관계 맺는 힘　　　　　　　　　　　　138
　지켜보는 것　　　　　　　　　　　　　140

에세이　원장실 소식

vol. 1　너그럽게, 유연하게 합시다　　　　　　　　　145
vol. 2　모르는 사람을 따라가면 안 돼요　　　　　　150
vol. 3　싫어하는 것은 안 먹어도 돼　　　　　　　　154
vol. 4　좀 더 신체 접촉을 해주면 좋을 텐데　　　　158
vol. 5　저기 저기, 같이 놀아요　　　　　　　　　　162
vol. 6　혼자서 해냈구나! 대단하네　　　　　　　　　166
vol. 7　이 그림 재미있네, 선생님이 같이 그려도 될까　170
vol. 8　엄마와 아빠의 놀이 방법, 전혀 다르네요　　　174
vol. 9　왜 선생님이 싫어하는 걸 할까　　　　　　　 178
vol. 10　21세기이므로 미래를 진지하게 생각합시다　183
vol. 11　이 이야기, 무서워　　　　　　　　　　　　187
vol. 12　매일, 아주 즐거워요　　　　　　　　　　　192

• 나오며　　　　　　　　　　　　　　　　　　　　196

Part 1

자립을 촉진하는 적당한 거리감

지금 부모-자녀의 거리감에 대해 묻는다

의존적 성격

아이에게 요구되는 힘

주체적으로 활동하기와 배우려는 의욕

자립

주체적으로 살아가기

1.
지금 부모-자녀의 거리감에 대해 묻는다

　과거에는 부모가 아이와 보내는 시간이 적었습니다. 농업·어업에 종사하든, 상업에 종사하든 여성도 중요한 노동력이었기 때문입니다. 밤에는 밤대로 집안일을 해야 했습니다.

　신문에 어떤 노인의 투고가 실린 적이 있었습니다. "아이 키울 때 아이와 함께 있을 수 있는 시간은 아이에게 젖을 먹일 때뿐이었습니다. 그 시간이 하루 중에 여유를 가질 수 있는 유일한 시간이었습니다."라고 쓰여 있었습니다. 일이 없어도 시아버지, 시어머니 앞에서는 그냥 아이와 놀면서 시간을 보내지는 못했을 것입니다. 그리했던 것이 지금은 전업주부라는 말도 있듯이 하루 종일 아이와 함께 지낼 수 있게 되었습니다. 한편으로는 어린이집을 활용하면

하루 종일 아이와 보내지 않을 수도 있게 되었습니다. 핵가족화되면서 주변의 시선을 의식하지 않아도 되기에 아이와의 거리와 아이와 보내는 시간은 부모가 스스로 정할 수 있게 된 것입니다. 그러나 최근 그 거리(아이와 부모의)가 문제가 되고 있습니다.

'부모[親]'를 의미하는 한자어는 세 부분으로 이루어져 있습니다. '서다[立]', '나무[木]'와 '보다[見]'입니다. 이것은 부모는 우뚝 선 나무 뒤에서 아이를 지켜보는 사람이라는 의미입니다. 그런데 요즘에는 지켜보기만 하지 않고 나무 뒤에서 나와 아이를 대신하여 자기가 해버리든가, 전혀 지켜보지 않는 부모가 많아졌습니다.

외국에도 이와 유사한 우화가 있습니다. 쇼펜하우어의 '고슴도치 콤플렉스'라는 우화입니다.

두 마리의 고슴도치가 있습니다. 추운 날씨 속에서 서로의 체온으로 추위를 쫓으려고 합니다. 그런데 너무 가까이 다가서면 상대방의 가시에 찔려 고통스럽습니다. 놀래서 허둥지둥 떨어지면 추워집니다. 다시 서로의 몸을 가까이 하면 가시에 찔립니다. 두 고슴도치는 달라붙고 떨어지기를 반복하다가 드디어 춥지도 않고 아프지도 않은 적절한 거리를 찾아내게 됩니다.

이 우화는 너무 '달라붙지도, 떨어지지도 않는' 부모-자녀의 적당한 거리를 묘사하고 있습니다.

> "부모-자녀 관계는 적절한 거리가 중요합니다."

후지모리 헤이지 선생님이 원장으로 있는 '세이가 숲 어린이집'은 육아지원센터 '두근두근'에서 포럼을 개설하고 있습니다. 한창 육아 중인 어머니들이 모여서 육아의 즐거움, 문제, 고민을 교류하고 있습니다. 여기에 참여한 어머니들의 글을 모아 에세이집 '엄마칼럼'을 만들었습니다. 이 책에서는 그중 여섯 편을 소개하겠습니다.

아이 데리고 다니면 최고!?

'아이를 데리고 다녀서 행동반경이 좁아졌다'는 말을 어머니들 사이에서 자주 듣습니다. 그러나 '아이를 데리고 다니기 때문에' 이점도 있을 것입니다. 어떤 어머니는 '외식이나 놀이동산이 재미있어졌다'고 말합니다. 물론 놀이동산에서 들고 다닐 물건도 많고, 아이가 기다리는 시간을 못 참거나 가만히 앉아있지 못하는 점 등의 고민도 있지만, 어머니는 과자를 주거나 안아주면서 아이의 기분을 달래주고, 되도록 길게 기다릴 필요가 없는 놀이기구를 타거나 하면서 여러 가지 방법을 동원해서 즐긴다고 합니다.

그리고 도서관에서도 마찬가지입니다. 그림책은 좋아하지만, 그동안 좀처럼 기회가 없어서 가지 못했던 어린이책 코너에 아이와 함께 갈 기회가 늘어 즐겁다는 어머니도 있습니다. 좋아하는 그림책을 잔뜩 빌려올 수 있고 그 속에서 특히 마음에 드는 책을 찾게 된다면 아이와 함께 무척 즐거운 시간을 보낼 수 있을 것 같습니다.

여러분은 기차 차장이 아이에게 아주 친절하다는 것을 알고 있나요? 멀어져가는 기차를 향해 잘 가라고 손을 흔드는 아이에게 대부분의 차장(가끔 버스 운전기사도)이 응대해줍니다. 굉장히 즐거웠는지, '좋았어!'를 연발하는 우리 아이의 미소. 이러한 작은 즐거움을 만끽하는 기회가 많은 것도, 아이를 데리고 다니는 이점이 아닐까 생각합니다. 고생스럽고 고민도 많지만 그 이상으로 즐거운 것, 다정한 기분을 느낄 수 있는 것이 아이를 데리고 외출하는 일이라고 생각합니다. '아이를 위해서'라고 말하지만 실제로는 어머니 자신이 제일 즐기고 있을지도 모른답니다.

2.
의존적 성격

어렸을 때 부모와 적절한 거리를 유지하지 못한 채 자란 아이는, 청소년기가 되었을 때 문제행동을 보일 수 있습니다. 그중 하나로, 의존적인 경향의 성격이 문제가 되고 있습니다. 그러한 경향을 가진 사람의 특징은 다음과 같습니다.

첫째, 스스로 무언가를 결정하지 못합니다. 자기결정이 잘 안 됩니다.
둘째, 주변의 말이나 지시에 대해 아주 순종적입니다. 자신의 의견을 주장하지 않습니다.
셋째, 극도로 수동적인 태도를 보이며, 주변 사람들이 북돋워주거나 도와주기를 바랍니다.

넷째, 자신감이 없습니다. 그 때문에 혼자 있으면 강한 불안감을 느끼기 쉽습니다.

이러한 성격의 사람은 자기 속에 자신을 지탱하는 것이 없기 때문에, 타인과 대상에 의존합니다. 유행을 따라 다른 사람과 같은 옷차림을 하거나, 비슷한 것을 착용함으로써 '안심감'이 들거나 같은 가치관을 공유하고 있다는 '만족감'을 얻으려고 합니다.

젊은 여성 가운데 명품을 몸에 걸치고 자신을 꾸미는 사람은 사회적으로 '가치' 있다고 여기는 것을 입음으로써 부족한 자신감을 메우려는 심리가 작용하는 것 같습니다. 또한 삶의 방식이 수동적이라서 책임 있는 위치나 보직을 맡는 것을 극도로 싫어하는 사람이 있습니다. 만약 이런 사람이 리더가 되면 자신감이 없기 때문에 리더십을 가지고 자발적으로 상황을 결정하거나 진행시키는 것을 할 수 없기 때문에, 자신의 부족함을 감추어 줄 상대를 찾으려고 합니다.

이러한 경향이 있는 사람에게서 공통적으로 엿볼 수 있는 양육 환경은, 유소년기부터 부모가 과도하게 관여하는 경우가 많다는 것입니다. 부모가 '모험을 해서는 안 된다, 실패해서는 안 된다, 자립과 분리는 위험하다, 이는 고통이 따르기 때문이다' 등의 메시지를 보내는 경우, 비록 그러한 메시지가 애정 어린 것일지라도 결과적으로는 아이의 자립을 방해합니다.

본래 아이라는 존재는 자라면서 부모로부터 자립하고 분리되고 싶어 합니다. 그것은 아이의 권리이기도 합니다. 그러나 아이를 떠나보내고 싶지 않은 부모는 무의식중에 아이의 자립과 분리를 거부합니다. 부모에게 순종적일 때 아이를 칭찬하거나 다른 무언가로 보상하는 가정환경에서 자란 아이는 부모와 사회로부터 '승인' 받지 못하는 것은 나쁜 것이라고 단정하게 됩니다. 또 만약 자신이 자립과 분리를 하면, 부모가 애착 대상을 잃게 되어 슬퍼할 것이라고 생각하게 됩니다. 이렇게 자란 아이는 자립과 분리에 불안감을 가지게 되고, 언제나 부모와 주변 사람이 결정해줄 것이라는 의존적 성향이 싹트게 되는 것입니다. 부모 역시 스스로에게 자신이 없기 때문에, 아이가 독립하고

자 하는 경우 인정상 떠나보내지 못하는 것이라고 자위하며 아이를 의존 대상으로 삼게 됩니다.

 이런 경향은 후천적인 것이므로 삶의 방식을 바꾼다면, 아이는 의존성을 극복해갈 수 있습니다. 부모는 '너무 가깝거나 너무 멀지 않은' 거리를 유지하면서 지켜보아야 합니다. 그리고 열심히 노력해도 안 되는 부분은 대신 해주는 것이 아니라, 적절한 조언을 해주어야 합니다. 아이가 의존적 성격이라고 해도 스스로의 노력과 주변의 따뜻한 관심으로 개선될 수 있습니다.

"아이는 스스로의 노력과 주변의 따뜻한 관심으로
의존적 성격을 바꿀 수 있습니다."

정말 신경 쓰이는 일

문득 정신을 차리고 '내가 왜 이러고 있지?'라고 생각한 적은 없나요?

방 정리나 수납은 어머니들의 고민 중의 고민입니다. 아이가 어지르는 것은 당연하다고 여기고 있지만 그것이 일상이 된다면…. '아이가 어릴 때는 어쩔 수 없다'고 단념하라는 선배들의 조언을 받아들일 수만 있다면 마음이 한결 편할 텐데, 그게 좀처럼 안 되지요.

그리고 아이가 부모의 말버릇이나 돌려 말하기 등의 습관을 잘 모방하기 때문에, 이것도 매우 신경 쓰이는 일입니다. 아이와 이야기를 할 때 말을 골라서 하려고 노력하고는 있지만요. 게다가 아이를 야단치는 법, 예의범절 교육 등은 어떤가요? 우리 아이뿐만 아니라, 우리 아이와 함께 놀고 있는 아이에게 주의를 줘야 할 때도 어려움이 있습니다. 부모끼리 의사소통이 잘 된다면 좋겠지만, 그렇지 않은 경우에는 어떻게 하면 좋을지 당혹스럽습니다. 아이들 간의 싸움에 부모(어른)

가 개입하는 타이밍 역시 매우 어렵습니다. 위험한 상황이라고 판단될 때에는 즉시 달려가겠지만, 판단이 서지 않을 때도 많습니다.

이런 고민에 대해 선생님 중 한 분이 "부모가 예의범절을 가르치는 타이밍을 잡기 곤란할 때는 임기응변으로 해도 괜찮지 않을까요? 이 교육은 이 시간에 해야 한다고 부모가 단정해버리면, 아이가 그것을 제대로 못할 때, 초조해 하거나 안 된다고 야단치는 횟수가 늘어납니다. 그래서 어쩔 수 없이 서둘러야 할 때 부모 스스로가 '오늘은 특별하니까' 하고 우회적으로 자신을 도와주는 '특별한 규칙'을 만들어보는 것이 좋을 것 같습니다."라고 조언해주었습니다.

이 말에 마음이 가벼워진 것은 저뿐만이 아니겠지요?

3.
아이에게 요구되는 힘

  2002년도부터 일본의 초·중등학교에서는 신학습지도요령(한국의 국가교육과정)이 실시되어, 모든 학교에 주 5일제가 도입되었습니다. 이에 따라 학습 내용의 약 세 배가 줄어들고(국어, 산수, 과학, 사회 등 기초교과 학습 시간이 각각 주 1시간 정도 줄어듦. 음악, 미술 공작 등 아이의 풍부한 정서를 길러주기 위한 교과 학습 시간도 감소), 종합적 학습 시간이 연간 105~110시간 도입되었습니다. 이는 문부과학성이 각 학교가 '여유'를 가지면서 '특색 있는 교육'을 전개하여, 아이 한 명 한 명에게 기초적이고 기본적인 내용을 확실하게 습득시켜, 스스로 배우고 스스로 생각하는 힘을 의미하는 '살아가는 힘'을 육성하는 것을 기본적인 목표로 세운 데 따른 것입니다.

　아울러 2000년에는 학습지도요령이 어디까지나 '최저 기준'이며, 학교 현장에서 그 이상의 것을 가르치는 것은 상관없다고 하는 '해석'을 내놓았습니다. 그리고 2000년 말에는 교육개혁국민회의 답신에서 기초학력을 정착시키기 위해 소인수 교육이나 수준별 학습 추진을 제안했습니다. 또한, 2002년 1월에는 기초학력 저하를 우려하면서 2002년 '배움의 권유'라는 목표를 제시했습니다.

　새로운 세기를 맞아, 앞으로 일본과 세계는 다양한 면에서 지금까지 변화해온 것 이상으로 극심한 변화에 직면하

게 될 것입니다. 그러한 가운데, 앞으로의 사회를 이끌 학생이 주체적이고 창조적으로 살아가도록 스스로 배우고 생각하는 힘, 배우는 법과 사유하는 법, 문제의 해결과 탐구에 주체적이고 창조적으로 다루는 태도 등을 육성하는 데 목적을 두고 종합적 학습 시간을 신설한 것입니다.

외국의 여러 사례를 주목하면, 미국, 영국, 프랑스를 시작으로 구미 여러 국가와 아시아의 국가가 교육을 국가 미래에 가장 중요한 과제로 삼고 범국가적으로 아이들의 학력

향상을 위한 교육개혁을 추진하고 있습니다.

또한, 2001년 12월에 공표된 경제협력개발기구(OECD)의 '학생 학습성취도 조사(PISA)' 결과에 의하면, 일본 학생은 단순한 지식의 양뿐만 아니라 그것을 활용하여 실생활의 과제를 해결하는 능력도 국제적으로 볼 때 상위에 있음이 밝혀졌습니다. 그러나 일본 학생이 '숙제나 자습을 하는 시간'은 참가국 중에 최저였고, 가장 높은 수준의 독해력을 보유한 일본 학생의 비율은 OECD 평균에 머무르고 있다는 결과가 나왔습니다.

이는 지금까지 일본의 초·중등교육에서 지식이나 기술뿐만 아니라 사고력, 판단력 등까지 포함한 학력 육성을 위해 해왔던 노력의 성과이기도 하지만, 한편으로는 배우려는 의욕과 배우는 습관을 충분히 습득하게 하고 아이 한 명 한 명의 개성과 능력을 최대한 육성해가야 한다는 과제를 제시하는 것이라고 생각합니다. 이러한 과제에 대해서는 진지하게 받아들여, 개선을 위한 노력을 아끼지 말아야 합니다.

OECD 조사에서 알 수 있듯이 일본 아이들의 현재 학력은 그렇게 낮지 않지만, 배우고자 하는 의욕은 참가국 중에 최하위였습니다. 의욕이 없으면 앞으로 학력이 점점 저하될 것이 틀림없습니다. 또 앞으로 아이들에게 요구되는 힘은 단순히 지식만이 아니라 문제해결이나 탐구에 주체적이고 창조적으로 대처하는 태도입니다. 이러한 힘과 의욕은 누가 가르쳐주거나, 누군가가 대신 해줘서는 획득할 수 없는 것입니다.

> "아이에게 창조적으로 대처하는 힘을 길러주세요."

4.
주체적으로 활동하기와 배우려는 의욕

요즘 아이들은 학습에 대한 의욕이 없을 뿐만 아니라, 삶에 대한 의욕도 장래 전망이나 꿈도 가지지 않게 되었습니다. 중·고등학생을 대상으로 실시한 조사(재단법인 일본청소년연구소 조사) 가운데 인생 목표에 대한 질문이 있었습니다.

그 대답은 일본에서는 '인생을 즐기며 산다'가 1위로 62퍼센트였습니다. 다른 나라의 경우 한국이 35퍼센트, 프랑스가 6퍼센트, 미국이 4퍼센트 정도밖에 안 되었습니다. 상당한 차이를 보이고 있습니다.

미국에서 1위(41퍼센트)는 '사회적으로 높은 지위와 명예를 얻는 것'이었는데, 일본에서는 겨우 2퍼센트에 불과했습니다. 또 프랑스에서 1위(32퍼센트)였던 '원만한 가정을 꾸린다'도 일본에서는 17퍼센트였습니다.

　'일본의 젊은이는 자신도 사회를 구성하는 일원이라는 자각이 없어서인지 사회에 대한 불만이 많고, 꿈이나 희망을 가지지 못하는 것 같다. 최근에는 지위가 올라가면 책임이 커지기 때문에, 자기 시간이 적어진다고 말하면서 지위나 명예를 거부하는 경향이 강해졌다'고 동 연구소 소장은 분석하고 있습니다.

　장래 되고 싶은 직업을 물어보면, '프리터'라고 대답하는 것이 일본 아이들의 특징입니다. 프리터란, 직업이 아니라 일정한 직업을 가지지 않는 것(아르바이트)을 의미합니다.

또 아이들에게 '기분전환으로 무엇을 하는가' 하고 물었더니, 대부분의 아이가 '잔다'고 대답했습니다. 이런 경우도 일본인뿐이라고 합니다.

어른이 되어서 딱히 직업도 가지지 않고 꿈이나 희망도 없이 매일을 단지 즐겁게 살고, 기분전환으로 자고, 특별하게 무언가를 하려는 의욕도 없는 일상을 보내는 것이 인생의 목표일까요?

왜 이런 아이들이 늘어나는 것일까요? 그 원인 중 하나는 학교를 포함해서 어릴 때부터 언제나 무언가를 하도록 강요하거나, 스스로 해야 할 일을 누군가가 대신해주거나

했기 때문이라는 생각이 듭니다. 결국 스스로 무언가를 하고자 했던 경험이 부족했기 때문입니다.

　급식을 예로 들어보겠습니다. 먹는다는 것은 인생의 즐거움일 텐데, 어린이집이나 학교에서의 추억 중에 싫었던 것이 무엇이었는지 물으면, 아이들은 급식을 듭니다. 왜일까요? 그것은 어린이집이나 학교에서는 '먹으라고 강요하기' 때문입니다. 급식이라는 한자 '給食'은 '음식[食]을 내려준다[給]'라는 의미입니다. 여기서 내려준다는 것은 윗사람이 아랫사람에게 준다는 의미입니다. 이것이 지금은 '스스로 음식을 먹는다'는 의미가 된 것입니다.

우리 어린이집에서는 밥을 퍼 담을 때 아이들이 자발적으로 먹고 싶은 양을 말하도록 합니다. 또 싫어하는 것을 말하고, 적게 담아 달라고 합니다. 그러면 접시에 놓이게 되는 음식은 양과 종류 모두 아이가 자발적으로 말해서 받은 것이 됩니다. 따라서 모두 먹어야 하는데, 아이들은 확실히 자신의 선택에 책임을 집니다. 주변에서 '먹어!' 하고

말할 때보다 먹는 양도 종류도 늘어났습니다. 그리고 즐겁게 식사를 하게 되었습니다. 먹으려는 의욕도 커졌습니다. 이 점심시간만큼은 아무리 얌전한 아이라도 반드시 매일 자신의 생각을 말하게 되는 것입니다. 우리 원아의 아버지에게 이런 이야기를 들었습니다. 가족끼리 저녁을 먹는데 네 살배기 아들이 "아빠, 저 우유를 반 컵 정도만 마시고 싶으니까 그만큼만 줘요."라고 말했다고 합니다. 그 후 부부는 "내일은 어떤 된장국을 끓일까?"라고 물었는데, 아이가 "나는 내일 OO된장국이 먹고 싶어!"라고 자신의 생각을 똑 부러지게 말해 감동받았다고 합니다.

  안타깝게도 요즘 아이들의 대다수는 뭔가를 물어보면, '잘 모르겠음', '어느 것이든 상관없음', '무엇이든 좋음'이라고 대답하는 것 같습니다.

> "아이가 자신의 생각을 말할 수 있게 해주세요."

5.
자립

　1996년 일본 문부성의 중앙교육심의회에서 '21세기를 전망한 우리나라 교육의 모습에 대해서'라는 답신에는 아이들이 습득해야만 하는 능력으로 '스스로 과제를 찾아서 스스로 배우고, 스스로 생각하며, 주체적으로 판단해서 행동하고, 보다 잘 문제를 해결하는 능력'과 '스스로 규제하면서 타인과 협조하고, 타인을 생각하는 마음과 감동하는 마음 등 풍부한 인간성과 씩씩하게 살아가기 위한 건강과 체력'을 들고 있습니다. 즉, 여기서는 '살아가는 힘'으로 '자립'과 '자율'을 강조하고 있습니다.
　서양에서는 고등학교를 졸업하면 부모로부터 독립해야 한다는 생각이 일반적이지만 일본에서는 그렇지 않습니다. 또 일본에서는 강하게 자기주장을 하지 않고 배려하는

것을 높게 평가하는 면도 있습니다. 게다가 오늘날 일본은 물질적으로 풍요롭기 때문에 젊은이들이 자라는 과정에서 '인내한다, 참는다, 기다린다'는 경험의 기회가 적습니다. 이것이 자립이 늦어지는 하나의 요인이 되고 있습니다.

  아이는 부모가 신경을 쓰면 쓸수록 스스로 해냈다는 성취감을 맛볼 기회가 줄어듭니다. 성취감은 의존성을 극복하기 위하여 지극히 중요한 것입니다. 성취감이 있기 때문에 의존에서 자립으로 성장하는 것입니다. 아이들이 스스로 어떤 것을 성취하기 위해서는 우선, 스스로 생각하고 스스로 할 수 있는 데까지 해볼 수 있도록 지켜봐 줄 필요가 있습니다.

이것은 아이가 하는 일에 전혀 관여하지 않는다는 말이 결코 아닙니다. 아이가 할 수 있는 것, 하고자 하는 것에 관여하지 않는다는 말입니다. 따라서 할 수 없는 것, 여러 가지 면에서 미숙한 것에 관해서는 충분히 도와줄 필요가 있습니다. 아이가 어릴 때부터 부모가 적절히 관여하면 아직은 충분히 할 수 없더라도 서서히 스스로 하고 싶어 합니다. 그럴 때에는 비록 실패하더라도 스스로 하고자 하는 마음을 존중해주고 잘해낼 수 있도록 도움을 주어야 합니다. 그것이 자립을 촉진합니다.

> "아이가 성취감을 맛볼 수 있게 해주세요."

아이를 위해서라구요?

　우리 어린이집에서는 10월 무렵이면 원외 보육을 진행하는데 이번 행사에 5세 여자아이의 아버지도 휴가를 내고 참가했습니다. 이 아버지는 외동딸인 여자아이를 눈에 넣어도 아프지 않을 정도로 매우 예뻐했습니다. 아이들이 함께 진흙놀이를 하다 진흙투성이가 되었을 때 선생님이 말했습니다. "자, 점심시간입니다. 모두 진흙투성이인 옷을 갈아입고 손을 물수건에 잘 닦아주세요." 이 말에 모두들 옷을 갈아입기 시작했습니다. 그러자 여자아이의 아버지는 아이를

자기 앞에 세우고 옷을 벗겨주고 새 옷으로 갈아입히기 시작했습니다. 그동안 아이는 그냥 가만히 서있기만 했습니다. 그리고 아버지가 물수건으로 손을 닦아주려 하자 이번에는 손을 교차로 내밀뿐이었습니다. 이 아이는 내년에 초등학생이 됩니다. 이 장면을 보면서 아버지는 정말로 아이를 예뻐하는 것일까 곰곰이 생각해보게 되었습니다.

또 초등 방과후 반의 선생님에게 들은 이야기가 있습니다. 1학년인 한 남자아이가 여전히 옷에 오줌을 싸서 고민이라는 것입니다. 필자는 그 아이가 자립적인 배변훈련이 되지 않은 것인지를 물어보았습니다. 그런데 이유는 다른 데 있는 것 같았습니다. 그 아이가 무언가 하고 있을 때 발을 번갈아 꼬면서 어찌할 바를 몰라 해서 "화장실 갈래?" 하고 물어보면, "아, 맞다" 하면서 화장실로 달려간다는 것입니다. 가고 싶은 것은 인지하고 있지만, 아무래도 주변에서 물어보지 않으니 스스로 가지 않는 것 같습니다. 부모가 마중 오면, 우선 "화장실 갈래?"라고 묻습니다. 부모의 입장에서 보면 그렇게 하지 않으면 아이는 옷에 오줌을 싸버릴지도 모르니까요. 학교에서는 휴식 시간에 반드시 화장실에 보내도록 부모로부터 지시받고 있습니다. 학교에 들어오기 전 그 아이는 어린이집에 다녔다고 하는데, 어린이집에서는 활동 시간 사이마다 선생님이 "자, 화장실에 가요."라고 언제나 말해줬다고 합니다. 아이는 여기에 익숙해져서 스스로 화장실에 가는 것이 불가능해진 듯합니다. 초등 방과후 반에서는 쉬는 시간이 없는 데다가, 이제 초등학생이니 화장실에 가는 시간을 따로 두

고 갔다 오라고 하지 않습니다. 이러니 곧잘 옷에 오줌을 싸버리는 것입니다. 그쯤 되면 아이는 스스로 화장실에 가야 한다는 것을 조금씩 인식하게 될 것입니다. 그러나 부모는 또 다시 요구합니다. "초등학생이라도 제때 화장실에 가도록 말을 해주세요! 그러지 않으니까 우리 아이가 옷에 오줌을 싸는 겁니다."

부모의 이런 행동이 정말로 아이를 위한 것인지 곰곰이 생각하게 됩니다.

식생활, 어떻게 하고 있어요?

한 어머니가 "우리 아이는 밥을 먹지 않습니다."라고 말했습니다. 요즘 우리 집 아이에 대해서는 식생활 고민이 없기 때문에 별로 신경 쓰지 않았는데, 아이들 중에는 1일 3식 식사는 거의 하지 않은 채, 우유 같은 음료나 과자만 먹는 아이도 많다고 합니다. 이 문제로 고민하고 있는 어머니로서는 해법이 절실하리라고 생각합니다. 어머니들은 식생활의 중요성을 알고 있기 때문에 영양소의 균형을 고려해 만든 요리를 아이가 먹지 않으면 아이의 건강이 염려되지요. 게다가 어떻게 하면 먹을까 하고 열심히 고민해서 만들고 있지요. 그런데 아이가 외면한다면? '기껏 만들어 줬더니…….'라는 기분, 이해합니다.
하지만 이런 이야기도 곧잘 듣습니다. 편식이 심해서 외식을 할 수 없을 정도이고 '주식은 우유!'라고 여기는 여자아이가 유치원을 3년간 하루도 빠지지 않고 다녔고, 초등학생이 된 현재에도 학교를 결석 없이 다니고 있으며, 급식도 먹는 양이 조금씩 늘어가고 있다는 것입니다. 이 이야기를 듣고 나서

'아이의 생명력이란 대단하구나, 먹고 싶은 것을 먹으면 몸이 필요한 영양분을 확실히 흡수해가는구나.' 그런 느낌이 들었습니다. 물론, 식사로 영양을 취할 수 있다면 가장 좋겠지만, 그것이 어려울 때는 예를 들어 간식으로 주는 주스를 야채 종류로 바꾸거나, 야채 칩을 만들어보는 등 친근한 음식으로 간식을 조금씩 바꾸어줌으로써 어머니 자신이 안심할 수 있습니다. 이런 식으로 하고 있는 어머니도 많다고 합니다. 전혀 먹지 않는 것보다는 조금이라도 야채를 먹고 있다고 생각하면, 기분이 조금은 편해지겠지요. 이러한 고민을 극복한 어머니들의 이야기를 들으면 참 다행이라는 생각이 듭니다.

6.
주체적으로 살아가기

　최근 학교에서는 '마음 교육', '사람을 배려하는 마음 교육', '생명의 소중함' 등의 교육을 시행하고 있습니다. 확실히 최근 들어 아무렇지도 않게 상해를 입히거나, 때리는 등 폭력을 휘두르거나, 급기야 생명까지 위협하는 사건이 많아졌습니다. 컴퓨터 게임처럼 간단히 리셋할 수 있다고 생각하는 것은 아닐까 할 정도로 생명을 경시하는 풍조를 볼 수 있습니다. 그런데 이를 해결하기 위해 그저 교육을 하면 되겠거니 하는데, 이런 문제들은 교육으로 가르쳐서 될 일이 아니라는 생각이 듭니다. 이것은 마음 성장의 문제입니다. 어떻게 마음이 성장해가야 하는지, 그 성장을 주변의 성인이 어떻게 지원해주어야 하는지의 문제입니다.

주체란 무엇인가

 '아이를 주체적으로!'라는 말에는 대부분의 부모가 동의하고 있다고 생각합니다. 아이도 스스로가 주체임을 알고 있습니다. 또 주체가 되고자 합니다. 무엇이든 자신의 생각대로 하고 싶어 하고, 자기를 중심으로 세상이 돌아간다고 생각하고 있는 건 아닐까라는 의문이 들 정도로 주장을 하기도 합니다. 그러나 이것을 주체적이라고 할 수는 없습니다. 이 정도를 말하는 것이라면 그저 하고 싶은 대로 두면 될 것입니다. 사람은 혼자서는 살아갈 수 없고 다른 사람과 더불어 살고 있습니다. 그러면서 서로 다르다는 것을 알아갑니다.

교토대학의 쿠지라오카 다카시(鯨岡峻) 교수는 다음과 같이 말했습니다.

"부모나 보육교직원은 유아가 자신의 주체성을 형성해 갈 수 있도록 개별 아이의 개성을 살리고, 각자가 주체가 되는 것이 중요하다는 점을 늘 염두에 두어야 합니다. 그러나 한편으로는 부모나 보육교직원은 유아가 집단생활의 규칙을 습득하거나, 함께 활동하는 것의 즐거움을 배우거나, 또는 다른 아이를 배려하거나, 다른 아이가 친절하게 대해줄 때의 즐거움을 알게 되는 등 '많은 사람 중의 한 명'을 중시하는 것도 동시에 염두에 두고 대응해야 합니다. 이 두 가지의 목표는 항상 모순적이거나 대립하지는 않아도, 곧잘 '여기를 세우면 저기가 꺼지는' 것처럼 쉽게 조화되지 않는 관계에 있습니다."

부모로서 아이를 주체적으로 대우한다는 것은 아이를 인정하고 아이가 하고자 하는 것을 수용하는 것입니다. 그러나 세상을 살아가려면 규칙을 지켜야 합니다. 규칙을 지킨다는 것은 아이가 하고자 하는 것을 제한한다는 것입니다. 다른 사람에게 폐를 끼치지 않으려면 어려서부터 규칙을 지키게 해야 합니다. 규칙을 지키지 않는 아이는 배우지 않아서가 아니라, 마음 성장에 문제가 있기 때문이라는 생각이 듭니다. 마음이 성장하는 과정에서 인정받고, 수용된 아이는 단계적으로 다른 이도 수용하고 인정하게 됩

니다. 자신의 즐거움을 다른 사람에게도 공감 받고자 하는 경험을 통해, 다른 사람의 즐거움을 자신의 즐거움처럼 느낄 수 있게 됩니다. 또한 소중히 여겨지고, 사랑받고 자란 아이는 다른 사람도 소중히 여기는 아이가 됩니다.

청년기에 생명을 경시하거나, 다른 이에게 상처를 주는 사람은 유아기에 자신이 소중하게 여겨지고 있다는 느낌을 받지 못했거나, 수용 받지 못한 아이였으리라는 생각이 듭니다. 생명을 소중히 하는 교육은 자신의 생명을 존중받는 경험을 통해 가능합니다. 따라서 어려서부터 타인을 소중

히 여기도록 강제하거나, 참게 하는 것은 의미가 없습니다.

  소년범죄를 일으킨 아이들의 특징으로 과거에 피해를 겪은 경험이 있다는 것이 알려졌습니다. 괴롭힘을 받은 경험이 있으면 괴롭히는 아이가 된다는 주장도 있습니다. 괴롭힘뿐만 아니라 범죄의 피해를 입거나, 학교에서 체벌을 받거나 하는 것도 포함됩니다. 피해 당시의 상황에서 회복되지 못했거나, 외톨이로 있던 경험으로 인해 대인부적응이 생긴 아이를 소년범죄자 중에서 많이 발견할 수 있습니다.

  존중받으며 자란 아이가 다른 사람을 소중히 하고, 어른이 되어서도 자신의 아이를 소중히 여기게 되는 것입니다.

> "아이가 주체성을 가지고 성장하는 것이 중요합니다."

Part 2

사람과 관계 맺음을 통하여 아이는 자란다

사람과 관계 맺음으로 자율성을 배운다
문제를 일으키는 아이들
영유아기의 발달

1.
사람과 관계 맺음으로 자율성을 배운다

아이에게는 참고 기다리는 경험이 중요합니다. 그러나 단순히 참고 기다리게만 하면 아이는 어른에 대한 불신을 갖게 됩니다. 옛날에는 형제가 많아서 좋아하는 것을 자기만 가져보는 경험은 당연히 불가능했습니다. 그런 환경에서 자연스럽게 참는 힘, 인내하는 힘, 기다리는 힘을 키울 수 있었습니다. 지금은 저출산 사회로 형제수가 적기 때문에 형제 관계를 통해서는 참고 기다리는 것을 배울 수가 없게 되었습니다. 그래서 3세 무렵 아이들에게는 어린이집에서 이루어지는 아이들 집단 속에서의 체험이 중요해졌습니다.

또한, 아이에게는 주위 사람과 적극적으로 관계를 맺는 경험도 중요합니다. 살아가는 힘 중에 '자립'과 '자율'은 다른 사람들과 관계를 맺는 과정 속에서 키워지는 것이기 때

문입니다. 그 외에도 사람으로서 공동체를 이루며 살아가는 데 중요한 '책임, 권리, 의무, 사회성, 협조성' 역시 모두 사람 속에서 생성되고 길러집니다.

오늘날 청소년에게 일어나고 있는 다양한 문제는 타인과의 교류가 부족하거나, 타인과의 관계 맺는 힘이 키워지지 않은 데 원인이 있다고 생각합니다. 본래 아이들은 생활의 장에서 다양한 연령의 사람과 다양한 직업 및 위치의 사람을 만나면서 사람과의 관계 맺음을 배워갑니다. 그러나 최근 아이들의 환경을 살펴보면, 가정 내에서 여러 가지 관계를 모두 경험하는 것은 불가능한 것 같습니다. 형제 수가 적고, 아버지의 귀가는 늦으며, 조부모와는 가족 행사 때에만 만날 뿐입니다(관계 맺는 것을 배울 수 없는 단지 이름뿐인 존재). 친척과의 만남이 적고 이웃과의 교류도 적어서 가까이서 같이 놀 만한 친구가 없으면 어린이집, 유치원에

다니지 않는 아이들은 부모-자녀 관계, 그것도 모자간의 관계 맺음밖에 경험하지 못하게 됩니다. 이런 점을 생각하면 어린이집, 유치원에서의 다양한 인간 관계는 매우 중요하다고 생각합니다. 어린이집을 통하여 어른들과 관계를 맺고, 친구나 다른 연령의 아이와도 교류함으로써 아이끼리의 관계 맺음을 배울 수 있습니다. 동시에 어린이집이 지역 지원을 하고 있는 경우에는 다양한 사람과의 관계 맺음을 배울 수 있게 됩니다. 그것이 '살아가는 힘'이 됩니다.

한편, 이 관계 맺음이 저출산 사회 속에서 사람과 접하는 기회가 적은 아이들에게는 스트레스가 될 수도 있습니다. 요즘의 부모는 아이가 이러한 스트레스를 받는 것이 안됐다고 생각하고 멀리하려는 경우가 많은 것 같습니다. 그러나 아이가 자립·자율적이 되기 위해서는 스트레스를 극복할 수 있어야 합니다. 이를 위해 가정에서는 아이를 따뜻하게 지켜보면서 아이의 감정을 진지하게 받아들이고 공감해 주어야 합니다.

동경 하치오지시의 다카오산 원숭이공원의 전 원장인 마치다 마사오미(町田正臣) 씨의 이야기입니다.

"원숭이 사회에서는 새끼를 기르는 일이 전부 어미의 일입니다. 산후 어미는 자기 새끼를 애지중지하고, 다른 원숭이가 만지지도 못하게 할 정도로 소중하게 키웁니다. 그런데 생후 4개월이 지나 새끼가 젖을 뗄 무렵부터는(입으로 먹이를 먹을 때) 지금까지 친절했던 어미의 태도가 일변합니다. 어미는 자기 눈앞에 있는 먹이를 새끼에게 주지 않고, 갑자기 엄격해집니다. 여기에는 두 가지 이유가 있다고 생각합니다. 첫 번째는 '예의범절 교육'입니다. 먹이를 주지 않고 심술궂게 보이는 어미의 행위는, 실제로 새끼에게 집단의 규칙을 배우게 하는 것입니다. 즉, 새끼에게 자기 앞에서 먹이를 먹지 못하게 하는 것입니다. 원숭이 사회에서는 어미와 같은 윗세대 원숭이 앞에서는 음식을 먹어서는 안 되기 때문입니다. 이 규칙을 배운 원숭이는 다른 가족에게 야단맞을 일도 적고, 사고를 일으키지도 않습니다. 한편, 어미가 언제까지나 새끼 원숭이와 사이좋게 식사를 하는, 언뜻 보면 민주적으로 보이는 원숭이 가족도 있습니다. 하지만 이 가족 안에서 자란 원숭이는 원숭이 사회의 예의를 분별하지 못한 채 자라서 연상의 원숭이로부터 제재를 받기도 하고, 그중에는 자기 어미에게마저도 괴롭힘을 당하는 모습을 보이기도 합니다.

두 번째는 '자립'입니다. 원숭이는 엄격한 자연계에서 살아가기 위해 의식주도 자연에 잘 적응해서 해결해야 합니다. 그래서 새끼의 자립을 위해 어미가 일부러 먹이를 주지 않는 엄격한 육아를 하는 것은 아닐까 하는 생각이 듭니다. 먹이를 얻지 못한 새끼 원숭이는 먹거리를 찾는 방법을 자연히 습득해 갑니다. 생후 4개월이면 슬슬 젖을 뗄 시기입니다. 이때 '너무 귀여워서' 젖떼기가 늦어지면 새끼 원숭이는 사회의 규칙을 모른 채, 엄마에게만 의존하는 마마보이(걸)형으로 자라서 언제까지나 자립할 수 없게 됩니다."

(하치오지 교육 13호 인용)

자기주장

자기주장이라 하면 자신의 생각을 말하는 것이지, '제멋대로 말한다'는 것은 아닙니다. 따라서 아이가 말하는 것을 모두 자기주장이라고 인정하면 안 됩니다. 당연히 납득이 되지 않는 것은 확실하게 아이가 알 수 있는 범위에서, 그것이 인정될 수 없음을 설명해야 합니다. 그것은 아이가 말하는 것을 일방적으로 거부하는 것이 아닙니다. 납득이 되면 인정합니다.

일본 사람에게는 앞으로의 시대에 필요하다고 여겨지는 토론 능력이 없다고들 합니다. 말한 것에 대해 '그것은 틀리다'는 말을 들으면 인격까지 부정되었다고 생각해버려, 실의에 빠집니다. 그래서 다른 사람의 의견을 듣고자 하지 않고, 다른 사람에게 무언가 말하려고도 하지 않습니다. 아이들의 '말하는 힘'은 어른의 질문하는 힘에 의해 자라나고, 아이들의 '듣는 힘'은 어른의 말하는 힘에 의해 자라납니다. 우선은 아이가 말하는 것을 차분히 들어주어야 합니다.

"관계 속에서 아이의 마음은 성장할 수 있습니다."

데이트

2년 반 만에 데이트를 했습니다. 상대는 남편. 양가 부모님이 멀리 살고 계셔서 부모님께 잠깐 아이를 맡기고 둘이서 외출할 수는 없습니다. 그래서 여름휴가로 귀성했을 때, 친정집에 아이를 맡기고 둘만 점심을 먹으러 나갔습니다. 항상 걱정이 많으신 어머니는 "죽어서 돌아오지 마!"라고 미묘하게 비관적으로 말씀하십니다. 한편 아버지는 치마를 입고 화장한 나를 보고 "그런 모습으로 변장해서 어디에 가니?" 하고 불만스럽게 말씀하십니다. 그래도 손주에게는 "할아버지"라고 불리면, 활짝 웃으면서 함께 놀아줍니다.

우리는 레스토랑으로 직행합니다. 패밀리 레스토랑과는 다른,

'레스토랑'이라고 불리는 곳은 아이와는 절대 가지 않아요. 우선 아이는 가만히 있지를 않고, 포크나 나이프도 큰 북채처럼 갖고 놀 것이 틀림없기 때문입니다. 물도 쏟고, 촛불도 꺼버릴 것입니다. 그런 방해꾼이 오늘은 없다니! 메뉴도 내가 먹고 싶은 것을 고릅니다. 스프도 식히느라 후후 불어대지 않아도 되고, 고기도 아주 잘게 자를 필요가 없습니다! 아아, 이 맛! 한참 감상에 젖어있을 때 남편이 불현듯 말했습니다.
"아이를 어느 정도 키워놓고, 나중에 스포츠카를 살까?"
우리는 곧잘 장래에 대해 이야기합니다. 나중에 어디에 가자, 무엇을 사자 하는 말뿐 아니라, 장래 무엇이 되고 싶다고. 서른 살 가까이 되어서도 장래 되고 싶은 것을 이야기하고, 그것에 다가가기 위해 노력을 했지만 아이가 태어나고 육아에 쫓기다 보니…….
아직 한창 육아 중이지만, 이것을 기회로 삼아 가을부터는 무언가 시작해보리라고 생각했습니다. "반항기의 아이를 안고 있어서 자유롭지 않지만, 가을에는 내 자신을 위해 시간을 쓰고 싶네."라고 이야기할 수 있는 식사시간은 무척 뜻깊었습니다. 남편은 언제나 든든한 전우랍니다.

2.
문제를 일으키는 아이들

　몇 년 전부터 신문지상에서 청소년 범죄와 청소년 문제가 다루어지는 경우가 많습니다. 이는 예전에도 있었지만 지금 유독 증가하고 있는 것인지 정확히 알 수는 없지만, 문제의 질은 바뀌어 온 것 같습니다. 확실히 예전부터 범죄는 있었

고, 문제행동을 일으키는 아이들도 있었습니다. 그러나 최근 아이들에게 일어나는 문제에는 공통적인 특징이 있습니다.

교실 붕괴

아이들 세계의 일탈은 다양한 형태로 나타나고 있습니다. 지금 학교에서 주요 화제가 되고 있는 것은 '교실 붕괴'라는 현상입니다. 이 현상은 초등학교 고학년 교실에서 일어난다고 알려져 있었는데, 저학년 교실에서도 발생했습니다. 이 책임이 유치원, 어린이집 등 취학 전 교육에 있는 것이 아닌가 고민하는 사이에 유아의 세계에서도 일어나기 시작했습니다.

유아의 세계에서, 정확히 말하자면 '교실 붕괴'로 일컬어지는 현상과 조금 다를지도 모르지만, 가만히 앉아있지 못하는 아이, 사람의 말을 듣지 않는 아이, 침착하지 못한 아이 등이 늘어나는 것은 가정 내에서도 느끼고 있는 것입니다. 자신도 모르게 아이를 때려주고 싶은 생각이 든 적도 있을 것입니다. 물론 체벌 등 아이의 심신에 고통을 주는

행위는 절대적으로 피해야 하지만, 어디까지 어떻게 야단쳐야 할지, 말하는 것을 듣게 하려면 어떻게 해야 좋을지 망설인 적이 있을 것입니다.

'교실 붕괴'를 포함해서 아이들에게 나타나는 현상은 결코 갑자기 나타난 것이 아니며, 그 원인도 한 가지라고 할 수 없겠지만 왜 최근에 이러한 현상을 많이 접하게 되는 것일까요? 학교에서 선생님 말씀을 듣지 않는 아이는 예전부터 있었고, 까불거나 난폭한 아이도 있었습니다. 그러나 그 아이에게도 일종의 규칙은 있었던 것 같습니다. 또 학급의 다른 아이들은 그 아이에게 잘해주려고 노력하기도 했습니다. 그랬던 것이 최근에는 소란을 피우는 아이는 다른 아이가 보이지 않는 듯 행동하며, 다른 아이들도 소란 피우는 아이를 모른 척합니다. 학급이라는 집단 기능이 붕괴되고 있는 것입니다.

  초등학교에서 교실 붕괴가 일어나는 것은 취학전 교육에서 아이를 너무 자유롭게 두었거나, 앉아있는 법을 가르치지 않았거나, 참게 하지 않아서 그렇다고 말하는 사람이 있습니다. 그러나 그런 것과는 문제가 다릅니다. 근본적으로 집단 기능이 없어지고 있는 것이 문제입니다. 저출산 사회가 되면서 가정 내, 지역 내에서 아이 집단이 적어져 집단 내에서 길러지는 자율성이나 사회성을 기를 수 없게 되었습니다. 또한, 어린이집과 유치원에서는 아이 집단이 있음에도 불구하고 문제를 일으키는 아이에 대해서 개별적으로만 대응함으로써 결과적으로는 어른의 강한 통제가 필요하게 만들었습니다. 아이들이 좀 더 아이 집단 속에서 지낼 수 있도록 지켜봐주는 자세가 필요할지도 모릅니다.

> "아이들은 아이 집단 내에서의
> 자율적인 통제 경험이 필요합니다."

가만히 앉아있지 못하는 경우

최근에는 가만히 앉아있지 못하는 아이가 문제가 되고 있습니다. 이들에게 ADHD(주의력결핍 과잉행동장애)라는 질환이 있는 경우가 있음을 차츰 알게 되었습니다. 이는 결코 부모의 양육에 문제가 있는 것이 아니며, 또한 어린이집이나 유치원의 책임도 아님이 밝혀졌습니다. 이런 아이는 어린 시절부터 내리누른다고 해서 결코 안정되지 않

습니다. 제대로 된 전문가의 지도가 필요합니다.

그러나 장애가 아닌 아이가 가만히 앉아있지 못하는 경우는 다른 원인이 있습니다. 한 조사에서는 부모가 레일을 깔아주었을 때, 그 위를 부모의 뜻대로 달려가는 아이가 교실 붕괴를 일으킨다는 결과가 나왔다고 합니다. 가정에서 부모가 강한 태도로 꼼짝 못하게 할 때, 아이가 오히려 어린이집에서는 가만히 있지 못하는 경우가 많습니다. 자신이 하고 싶은 것을 만족스럽게 할 수 있는 아이는 점차 인내할 수 있게 됩니다. 자기제어력은 발달 과정을 단계적으로 밟아가면서 길러지는 힘입니다. 자기주장을 하는 시기를 거쳐, 그 주장이 인정받거나 받아들여지거나 하면서 비로소 자기를 제어하는 힘이 생기고, 인내할 수 있게 됩니다. 아이가 말하기 전에 부모가 앞서서 말해버리거나, 아이에게 물어보지 않고 해버리면 자기주장의 힘이 길러지지 않습니다. 그러면 당연히 그 다음 발달인 자기제어력과 내성이라는 인내하는 힘도 생성되지 않습니다.

마사키 타케오(正木健雄) 교수 그룹(일본체육대학)의 연구에서는 아이에게 고무공을 주고 램프 색신호로 공을 쥐거나 놓게 해서, 지시대로 할 수 있는지를 실험했습니다.

여기서 쥐어야 하는데 쥐지 않는 것은 감정을 지나치게 억누르는 것으로 '억제형'이라고 명명합니다. 또 쥐어서는 안 되는데 쥐어버리는 경우를 '흥분형'이라고 명명합니다. 이전까지의 실험에서는 유아 단계는 흥분도 억제도 약하고, 초등학교 저학년 때는 흥분이 강해지며, 고학년이 되면 기분을 억누르는 힘이 생기는 것으로 나타났습니다. 그런데 최근에는 초등학교 저학년에서 억제형이 늘고 있다고 합니다. 이는 참거나 자기 기분을 일찍부터 누를 수 있게 된 것이라기보다는, 반대로 초등학교 저학년에서 많이 보였던 흥분형이 초등학교 고학년에서 많아진 것이라고 볼 수 있습니다. 흥분하는 힘이 생긴 후에 누르는 힘이 생기는 패턴이 어그러졌다고 할 수 있습니다. 이는 통상의 발달 과정을 거치지 않고 억제만 하여 왜곡된 행동으로 나타나게 된 것입니다.

> "아이의 자기제어력이 자라도록 아이의 주장을 인정해주세요."

성인식에서 난리 피우는 경우

최근 일본에서는 성인식이 재검토되고 있습니다. 이는 성인식 도중에 소동을 피우거나, 단상의 내빈에게 욕설을 퍼붓거나, 단상에 올라 소란을 일으키는 청년이 종종 있기 때문입니다. 이런 뉴스를 보면 '참으로 요즘 젊은이들은 어쩔 수 없네' 하고 생각하는 사람이 많겠지만, 소동을 일으키는 청년은 극소수로 대부분은 점잖게 성인식에 참가하고 있습니다. 그래서 최근 젊은이라는 표현으로 일반화하지 않는 것이 좋습니다. 그런데 소란을 피우는 청년은 도대체 왜 그런 걸까요? 우선, 대부분 식전에 술을 마시는 경우가 많은데 이것은 다 큰 어른이라도 술을 마시고 난폭해지는 사람이 있기 때문에 젊은이만의 문제라고는 할 수 없습니다.

　곧잘 말썽을 일으키는 청소년을 나중에 주의해서 보면 그렇게 나쁘다고 생각이 들지 않는 경우가 있습니다. 식장 분위기를 북돋우기 위해 그렇게 했다는 것입니다.
　성인식에서 볼 수 있는 문제행동 중에는 식장에서 핸드폰 소리를 켜놓는 것도 들 수 있습니다. 이 행동이 잘못된 것이라고 생각하지 않는 경우가 더러 있습니다. 이들은 식장에서 핸드폰을 꺼야 한다는 것을 배우지 않은 것일까요? 분명히 배웠을 텐데, 어릴 때 자신이 인정받기 전에 말로 반복해서 지시를 받은 데에 대한 반발심이 생겼거나 어릴 때부터 소란을 피워도 활기차서 좋은 아이라는 말을 부모로부터 들었기 때문이겠지요. 아이 때 소란을 피우는 것은 결코 아이다운 것이 아니라, 무엇을 해야 좋을지 몰라 스스로를 주체하지 못하는 아이의 하소연임을 주변 어른들은 인식하지 못합니다.

　성인식에서 문제를 일으키는 젊은이들 중에는 자신의 존재에 자신감을 갖지 못해 그런 행동을 하는 경우도 있습니다. 이들은 곧잘 자기긍정감이 없다는 말을 듣습니다. 자기 존재를 어떻게 나타내면 좋을지 모른다는 것입니다. 어릴 적에 부모에게 잔소리를 듣거나 선생님에게 주목받을 때는 무언가 잘못하거나 눈에 띄는 행동을 했을 때입니다. 제대로 하고 있을 때는 그다지 주목받지 못합니다. 외톨이로 있을 때도 신경 써주는 이가 없습니다. 그럴 때 아이는 당혹스런 상황을 일으킵니다. 아이가 자기 쪽으로 관심을 가져주기를 바랄 때 부모가 그것을 알아채고 제대로 대응해주면, 아이는 소란을 피우는 행위를 하거나 굳이 자신을 드러낼 필요가 없습니다. 성인식에서 소란을 피우는 젊은이를 보고 있으면, 왠지 모르게 그들이 가엾어집니다.

쉽게 흥분하는 경우

일본 문부과학성에서 '쉽게 흥분하는' 아이에 관해 태어나서 자라온 과정을 연구한 결과가 공표되었습니다('쉽게 흥분하는' 아이의 출생 후 양육 이력에 관한 연구, 국립교육정책연구소, 발달과정연구회). 쉽게 흥분하는 아이의 성격적 경향을 분류하면 크게 세 가지로 나누어진다고 합니다.(중복된 경우도 있습니다.)

1. 인내심이 부족한 성향(내성 결여형)

'쉽게 흥분하는' 아이의 성향 중 하나로 사소한 것에 대해 참는 인내심이 없고, 자기 생각대로 하려는 고집과 어리광, 다른 사람이 하는 일을 허락하지 않는 등 무관용성을 가지고 있는 사례입니다.

'독선적, 인내력 없음, 어리광, 무관용' 이러한 성향의 아이가 가장 많은데, 전체에서 70.3퍼센트(남자 72.5퍼센트, 여자 55퍼센트)를 차지하고 있습니다. 이런 성격을 가진 아이의 생육 이력에서 가장 많이 차지한 사례가 아이를 과도하게 통제하는 어머니와, 육아에 무관심한 아버지의 조합이었다고 합니다.

2. 공격적인 성향(공격형)

'쉽게 흥분하는' 아이의 성향 중 하나로 행동을 억제하는 자제심이 부족하고 충동적이며, 평소에도 거칠고 난폭한 행동을 하는 사례입니다.

'충동적, 거칠고 난폭함' 이러한 성향은 전체에서 42.2퍼센트(남자 43.6퍼센트, 여자 32.5퍼센트)를 차지하고 있습니다. 이런 아이는 가정에서 일상적으로 학대를 받은 경우가 많다고 합니다.

3. 불만을 품고 있는 성향(불만형)

'쉽게 흥분하는' 아이의 성향 중 하나로 평소에 불만을 품고 있고, 그것을 표출하지 못한 채 참고 있거나, 학업 면이나 행동 면에서 열등감을 갖고 있는 사례입니다.

'불만을 품고 지냄, 열등감, 참음' 이러한 성향의 아이는 전체에서 30.1퍼센트(남자 28.8퍼센트, 여자 38.8퍼센트)를 차지하였습니다. 이는 여자에게 많이 나타나는데, 기분을 표현하지 못하고 단체 내에서 고립되며, 괴롭힘의 피해자가 되기 쉬운 성격이라고 합니다. 최근에는 이러한 불만형이 늘고 있다고 합니다.

공격적인 경우

공격적인 아이들 역시 여러 가지 문제를 일으킵니다. 그중에서도 '가정 내 폭력, 노인 학대, 아동 학대, 대인 학대' 등의 문제가 있으며, 특히 가정 폭력이 문제가 되고 있습니다. 여기에는 크게 두 가지 원인이 있다고 합니다. 첫 번째 원인은 성장 과정에서 부모의 폭력에 노출된 경우로, 이들의 공격 대상은 반드시 부모나 가정 내에 머물지 않고, 다른 사람에 대해서도 폭력적으로 된다고 합니다. 잦은 아동 학대 속에서 자란 아이가 나중에 부모가 되어서 자녀를 학대하게 되는 것도 여기에 포함되며, '피해자에서 가해자가 되는 과정'이라고 합니다.

아이가 직접 학대를 받지 않더라도, 예를 들어 아버지가 어머니를 일상적으로 학대하는 가정에서 자란 아이도 동일하게 가해자가 되기도 합니다.

두 번째 원인은 부모의 기대나 욕구가 큰 경우입니다. 부모가 바라는 소위 '좋은 아이'가 되려

했던 아이가, 불현듯 어떤 계기로 인해 좌절하면서 폭력적이 되는 것입니다. 이 경우 부모는 특히 아이에게 폭력을 쓰지 않으며, 언뜻 보기에 부부 사이도 온화해 보입니다. 그러나 실제로는 부부간에 소원하고, 많은 경우 아버지가 회사형 인간으로 불릴 정도로 일중독이며, 그 때문에 어머니는 아버지에게 정신적인 지원을 받지 못한 채 결국은 아

이에게 의존하게 되는 것입니다. 이것이 아이에 대한 기대감이 되어 아이의 성장만이 삶의 보람이 되는데, 아이는 그 기대감과 압박 속에서 필사적으로 '좋은 아이'가 되고자 합니다. 이러한 아이들이 무언가가 계기가 되어 그 압박을 견딜 수 없게 되었을 때 폭력적으로 될 수 있습니다. 이 또한 가정 내 폭력이라고 할 수 있습니다.

은둔형 외톨이의 경우

최근 아동기나 청소년기에 급격히 늘고 있는 현상으로 '은둔형 외톨이'와 '등교 거부'가 있습니다. 이런 자녀를 둔 부모로서는 무척 걱정스러운 일일 것입니다. 이 현상의 원인으로는 여러 가지가 있어서 단적으로 말할 수는 없지만, 그중에는 저출산과 관계가 있는 경우가 있습니다.

저출산 시대의 아이들은 가정에서도, 지역 사회에서도 혼자 지내는 경우가 많습니다. 혼자서 지내면 무엇이든 자신이 생각한 대로 보낼 수 있습니다. 아무에게도 제약받지 않고 신경 쓸 일이 없기 때문입니다. 그런데 학교에 가게 되면, 학급이라는 집단 내에서 일제히 같은 것을 하게 될 때가 많습니다. 자신이 하고 싶은 것을, 하고 싶을 때 할 수 없게 됩니다. 그러면 자신이 하고 싶은 것을 집단이 방해한다고 생각하게 되어 집단을 피하려고 하다 보니 또 다시 혼자 지내게 되는 것입니다. 이것은 단순히 아이가 제멋대로 하는 것이 아닙니다. 모두와 같은 것을 하게 된다거나, 개인의 생각을 무시한다거나, 어른이 생각하는 대로 아이를 다루려고 하는 것은 다출산 사회 때의 보육이나 교육처럼 아이를 집단에 끼워 넣으려고 하는 것입니다.

저출산 사회에 적합한 보육이나 교육의 양식은 어른이

생각해내야 합니다. 그래서 언제나 어른이 시키는 것, 해주는 것이 아니라 아이 스스로 하도록 하는 방법을 선택해야 합니다. 아이 주체의 보육, 교육으로 바꾸는 것이지요. 아이가 저출산 사회에서 집단을 배우지 못하게 된 것과 동시에 부모는 저출산 사회에서 너무 간섭을 하게 되었습니다. 한 명 한 명의 아이에게 눈길이 닿는 만큼 지나치게 간섭을 많이 합니다. 이 경우 아이의 갈등을 사전에 어른이 없애줌으로써 아이는 부모가 말하는 대로 행동하고, 반항기가 없어져 소위 착한 아이로 성장해가는 듯 보이지만,

어느 시기가 되면 반발하게 됩니다. 그런 모습 중의 하나가 스스로 틀어박혀버리는 '은둔형 외톨이'인 것입니다.

> "스스로 결정해서 행동할 수 있는 경험이 필요합니다."

아이 재우기

우리 집 아들(2세)은 최근 많아졌다고들 하는 '밤도깨비(늦도록 안 자고 일어나 있는)'입니다. 낮잠을 충분히 자기 때문인지, 밤 11시까지 깨어있어요. 그러면서 내게 옆에서 시중을 들게 하는데, 비디오를 켜달라고 하거나 여러 가지 도구로 놀자고 졸라댑니다. 낮에도 바깥놀이를 같이 해주기에 나는 이미 녹초가 되어 있습니다. 조금이라도 빨리 재우고 내 시간을 갖고 싶은 게 솔직한 심정입니다. 최근에는 정신을 차리고 보면 내가 자고 있고, 아들도 옆에서 힘이 빠져있는 광경이 펼쳐집니다. 그렇다고 낮잠을 재우지 않으면 저녁식사 전에 자버려서 밤 9시쯤 부스스 일어나요. 피곤하게 하려고 낮잠 후에도 밖에 나가면 집에 들어오는 것이 하나의 일이 되어버린답니다. 바깥놀이가 좋은 아들은 계속 놀고 싶은데 강제적으로 집에 들어오게 하면 현관에서 20분 내지 30분 정도 울어댑니다. 자는 환경을 만들라는 조언을 듣고 전기나 텔레비전을 끄면 이때는 또 울부짖습니다.

아이를 재우는 한 가지 방법으로 '그림책 읽어주기'가 있지요. 여러분은 어떤 그림책을 아이에게 들려주고 있나요? 어머니들에게 물어보고 알게 된 것 중 흥미로웠던 것은 우체국에서 다루고 있는 북클럽이었습니다. 신청하면 매월 연령에 맞는 책을 보내주는 시스템입니다. 스스로 고르면 그림이나 내용이 편향되기 쉽지만 이렇게 하면 자기가 고르지 않았을 책도 볼 수 있고, 아이가 싫증내지 않기에 부모-자녀가 함께 즐길 수도 있습니다. 또 생활협동조합 카탈로그에 게재된 것은 10퍼센트 할인하여 구입할 수 있고, 내용적으로도 틀림없다고 합니다. 도서관이나 리사이클 가게를 활용하는 것도 좋은 방법입니다.

육아란 월령에 따라 점차 걱정거리가 바뀌어가는 것입니다. 언제나 여러분은 어떻게 육아를 하고 있는지 매우 궁금하답니다.

3.
영유아기의 발달

영유아기에는 어떤 것을 해주어야 할까요? 아이는 어떻게 자라는 것일까요?

조기교육

　영유아기부터 조기교육은 필요할까요? 필자는 필요하다고 생각합니다. 아이는 아이 나름으로 그 시기에 해야 할 일이 있고, 그것을 제대로 할 필요가 있습니다. 조기교육의 의미는 크면 하게 될 것을 미리 하는 것이 아니라, 커서 해야 할 일을 보다 효과적으로 할 수 있도록 어릴 때에 해야 할 것을 하는 것입니다.

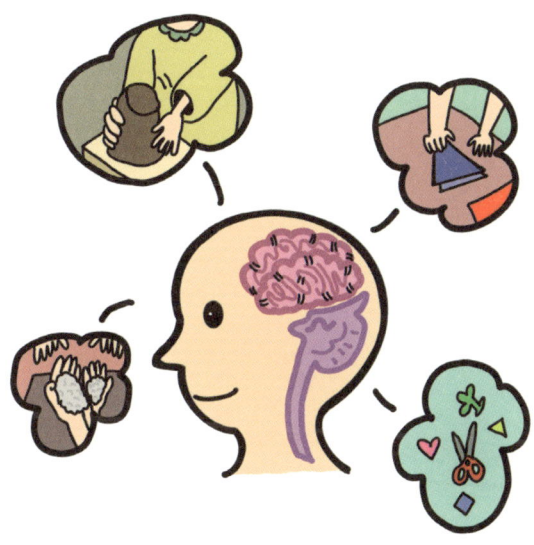

예를 들어 어느 시기에는 기초적인 학력을 익히기 위해 사물을 기억할 필요가 생깁니다. 그때를 위해 뇌를 단련해 두지 않으면 안 됩니다. 그래서 영유아기에 뇌를 활성화시킬 필요가 있습니다. 이를 위해 무엇을 하면 좋을지가 과학적으로 해명되고 있습니다. 손가락을 자주 움직이면 뇌가 활성화된다고 알려져 있습니다. 가위를 사용해 물건을 자르거나 손가락으로 풀을 붙이거나 색종이를 접거나 하는 것은 굉장히 뇌에 좋다고 합니다. 이 중요한 시기에 혹시 연필밖에 들지 못한다면 정작 뇌를 사용할 시기가 되었을 때 당황하게 될 것입니다.

또 손바닥의 혈을 자극하는 것도 뇌에는 좋다고 합니다. 그러므로 진흙 경단을 만들거나, 점토 놀이를 하는 것은 굉장히 의미가 있습니다. 하반신을 사용한 운동도 좋다고 합니다. 또 아이들끼리 장난을 칠 때에도 뇌가 잘 움직인다고 합니다. '밀치기 놀이' 등도 좋을 것 같습니다. 이렇게 보면 아이들의 전래놀이는 과학적으로도 조기교육으로서 최고였을 것 같습니다.

신슈대학의 테라사와 코우지(寺沢宏次) 교수는 다음과 같이 강조했습니다.

"운동이나 놀이를 하며 또래와 함께 신체를 움직이면 뇌 작동이 활발해진다는 것이 밝혀졌다. 접촉형 놀이는 뇌의 전두엽 발달에 좋다. 뇌의 발달이 늦어지는 것은 식생활, 생활 리듬 등 다양한 이유가 있겠지만, 바깥놀이, 사람과의 접촉 기회가 준 것이 가장 큰 원인이라고 생각한다. 요즘 아이들의 뇌는 '운동 부족'이다. 사람과 만나고, 신체를 움직임으로써 점점 뇌를 키우게 된다."

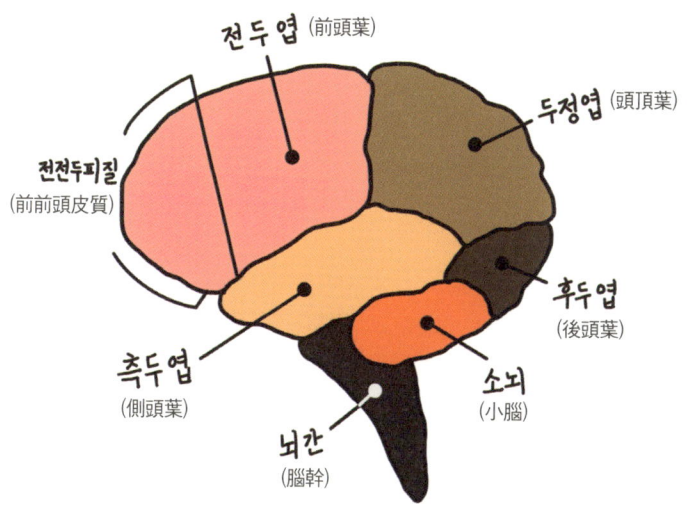

오늘날 유아, 청소년에게 결핍된 힘

문제를 일으키는 아이를 포함해, 오늘날 아이들과 청소년에게는 어떤 힘이 결핍되어 있을까요? '사고하는 힘, 행동을 억제하는 힘, 의사소통 하는 힘, 의사결정 하는 힘, 감정을 제어하는 힘, 기억하는 힘, 창조하는 힘' 등이 결핍되어 있다고 생각합니다. 실은 이것들은 뇌 안의 전두엽(특히 전전두피질이라는 부분)의 움직임입니다. 뇌 과학자들에 의하면 전두엽은 다음과 같은 기능을 한다고 합니다.

1. 사고하기

  뇌 전부를 사용하는 것이 아니라 전전두피질이 '생각하기'라는 명령을 내려서 뇌의 다양한 장소에 저장되어 있는 정보를 통합함으로써 사고하게 됩니다. 전전두피질이 없으면 정보가 축적되어 있어도 그 정보를 사용해 사고하는 것이 불가능합니다.

2. 행동 억제하기

인간에게는 '해서는 안 되는 것'이 있습니다. 싫어하는 사람이 있어도 그 사람에게 폭력을 휘두르거나 생명을 빼앗거나 하는 것은 '해서는 안 되는 것'입니다. 그 '해서는 안 되는 것을 하지 않기'라는 명령을 내리는 것이 전전두피질입니다. '쉽게 흥분하는 아이들'은 뇌 과학자들에 의하면 전전두피질의 기능이 약하고, 전전두피질의 발달이 미숙한 아이라고 합니다.

3. 의사소통 하기

전전두피질은 의사소통도 주관하고 있습니다. 전전두피질을 이용해 단어를 만들어내기 때문입니다. 상대가 말하는 단어의 의미를 이해하는 데에는 전두엽이나 두정엽이라고 불리는 부분이 관여한다고 알려져 있는데, 전전두피질도 관여한다는 것이 최근 연구에서 밝혀졌습니다. 또 단어를 매개한 의사소통뿐 아니라, 몸짓이나 표정 등으로 상대의 기분이나 감정을 읽어내는 것도 전전두피질의 기능입니다. 눈앞에 있는 사람에게 기분을 전할 때 작용하는 곳도 전전두피질입니다.

4. 의사결정 하기

무엇을 해야 할지 결정하는 것 역시 전전두피질의 작용입니다. 이뿐만 아니라, 무엇인가를 하고자 하는 의욕이나 뭔가를 해야겠다고 마음을 먹는 것도 전전두피질의 기능입니다. 따라서 전전두피질의 기능이 약한 아이들은 자기 스스로 무엇을 할지 결정하지 못합니다.

5. 감정 제어하기

 자기 자신의 감정을 조절하는 것, 예를 들어 기쁨을 느끼거나 노여움을 진정시키거나 하는 것도 전전두피질의 작용입니다. 최근 연구에서는 '좋고, 싫고'의 기분도 전전두피질의 관여로 만들어진다는 것이 밝혀졌습니다.

6. 기억 조절하기

 뇌에서 기억은 복잡한 과정을 통해 이루어지기 때문에 그 전모는 아직 밝혀지지 않았습니다. 그러나 다양한 것을 기억하는 데 전전두피질이 중심적인 역할을 맡고 있다는 것이 알려졌습니다. 전전두피질이 '사물을 기억하라'는 명령을 내린다고 합니다.

7. 창조하기

정보를 엮어서 새로운 것을 만들어내는 창조성이라는 기능도 전전두피질에 있음이 밝혀졌습니다.

"아이의 전두엽 발달을 위해 조기교육이 필요합니다."

살펴보았듯이, 실로 요즘 시대는 뇌의 전두엽이 키워드가 된 것 같습니다. 앞으로 살아가는 데 필요한 힘이며, 최근 부족하다고 생각되는 힘은 모두 전두엽이 관장하고 있는 것입니다. 지금까지는 무엇을 어느 정도 외우고 있는가에 가치를 두었습니다. 이는 후두엽이 주로 주관하고 있습니다. 이 후두엽은 개와 같은 동물도 가지고 있어서 재주 부리는 것을 기억하기도 합니다. 과거 아이가 머리가 좋다고 표현할 때 이는 어느 정도로 후두엽이 기능하는가를 나타내는 것이었습니다.

그러나 오늘날에는 그 누구에게도 지지 않을 정도로 많은 것을 기억하는 것이 출현했습니다. 바로 컴퓨터입니다. 아무리 사람이나 동물이 머리가 좋아도 기억력으로는 컴퓨터를 따라갈 수 없습니다. 앞으로의 시대는 컴퓨터로는 절대 불가능한 힘, 다른 동물은 갖고 있지 않다는 전두엽의 기능이 가치를 갖게 될 것입니다.

전전두피질을 파괴하는 것

오늘날 사람에게 상해를 입혀 소년원에 들어가는 청소년의 대부분은 전두엽 발달이 잘 이루어지지 않았다고 합니다. 또 치매는 이 전두엽의 작동이 쇠퇴해서 일어나는 것으로 알려져 있습니다. 그래서 노인 치매에 관한 대책을 세우기 위해 전두엽은 왜 쇠퇴하고 망가지는지에 관한 연구가 한창 진행되었는데, 그 결과 아이들의 위기적 상황을 지적하게 되었습니다.

『게임 뇌』라는 책으로 유명해진 모리 아키오(森昭雄) 교수(일본대학)는 인간다운 감정과 창조성을 주관하는 대뇌의 전전두피질 활동이 컴퓨터 게임을 하는 동안에 눈에 띄게 저하되는 것을 뇌파측정실험을 통해 밝혀냈습니다.

뇌파 중에는 전전두피질의 활발함과 긴장도를 나타내는 베타파와 안정되었을 때 잘 나오는 알파파가 있습니다. 치매는 이 베타파의 활동 수준이 떨어지면 생긴다는 것이 밝혀졌습니다. 이 두 종류의 뇌파를 조사하기 위해 전극을 이마에 붙이고, 컴퓨터 게임을 시킨 후 그 전후의 뇌파 발생 상태를 조사했습니다. 그랬더니 게임을 거의 하지 않는

사람은 베타파가 항상 알파파보다 강하게 나타나고, 게임을 시작해도 두 파동은 거의 변하지 않았습니다(정상 뇌). 주 3일 내지 4일, 1일 1시간 내지 3시간 게임을 하는 사람은 게임 전에 두 파의 세기가 거의 같았는데, 게임을 시작하자 베타파의 활동 수준이 극단적으로 떨어져 알파파 밑에 머물렀습니다(반 게임 뇌). 매일 2시간 내지 7시간 게임을 하는 사람의 경우, 게임을 하지 않아도 베타파는 항상 0에 가깝고, 전전두피질이 거의 작동하지 않았습니다(게임 뇌). 즉, 컴퓨터 게임을 어릴 때부터 오랜 시간 동안 하게 되면 아이 때부터 노인이 치매에 걸린 것과 같이 전두엽이 전혀 기능하지 않게 됩니다. 다만, 후두엽이 작동하기 때문에 사물을 기억하거나 시험을 보는 데는 어려움을 느끼지 않아 좀처럼 문제를 인식하지 못하는 부모가 많다고 합니다.

또한, 여러 학자가 전두엽의 기능을 어렵게 만드는 요인을 언급하고 있습니다. 주된 것으로 어릴 적에 컴퓨터와 텔레비전, 비디오, 플래시 카드 등의 반사적 행동을 시키는 교육 등이 있습니다. 그래서 미국 등지에서는 2세까지 텔레비전을 금지하자는 움직임마저 있습니다.

전두엽 키우기

전두엽의 기능을 둔하게 하거나 파괴하는 요인에 관한 연구와 더불어 이 기능을 강화하는 요인에 관한 연구도 다양하게 이루어지고 있습니다. 카타오카 나오키(片岡直樹) 교수(카와사키 의과대학 소아과)는 다음과 같이 말했습니다.

"신체 운동 기능은 연령에 따라 발달하는데, 단어 수가 극단으로 적고, 표정이 없고, 눈을 맞추지 않는 아이가 몇 년 사이

에 늘었습니다. 이는 비디오 등 일방통행적 미디어에 노출되면서, 타인과의 의사소통이 부족해진 것이 원인이라고 판단됩니다. 아이의 몸에 다양한 변화가 나타나는 시기에 스킨십이 부족한 것이 문제가 되고 있기 때문에 또래 간 접촉을 많이 시키려는 움직임이 시도되고 있습니다. 4월부터 전국 초등학교와 중학교에서 체육 수업에 '몸 풀기'가 도입되었습니다."

또한, 카와시마 류타(川嶋隆太) 교수(동북대학 미래과학기술공동연구센터)는 다음과 같이 말했습니다.

"전전두피질을 강화하기 위해서 중요한 것은 '놀이'입니다. 집단놀이야말로 아이들의 전전두피질을 발달시킵니다. 놀이를 통한 집단과의 의사소통이 아이의 뇌에는 가장 좋습니다. 컴퓨터 게임처럼 혼자놀이는 안 됩니다. 놀이는 제대로 된 설비, 예를 들어 운동장이나 방망이와 글러브가 없으면 안 되는 야구와 같은 스포츠와는 다릅니다. 놀잇감이 전혀 없는 곳에서 성인 지도자 없이 연령이 다양한 아이들이 모여서 나이 많은 대장이 솔선하여 놀이를 제안하면 놀이를 시작할 수 있습니다. 놀이를 모두가 즐기기 위해서는, 예를 들어 나이 어린 아이도 참가할 수 있도록 규칙을 변경하거나, 공간이나 사람 수를 맞추어서 놀이를 바꾸는 것도 필요합니다. 가끔은 갈등이 일어나거나, 싸움이 나거나, 넘어져서 우는 아이도 있을 것입니다. 여러 가지 예상하지 못한 일에 대한 해결법을 생각해야 할 것입니다. 그 속에서 의사소통의 힘과 창조성, 자기존중감, 배려, 집중력, 자립심 등이 키워집니다. 모든 아이들의 이름을 기억하고 함께 무언가를 하는 기쁨과 몸을 움직여 노는 즐거움을 맛보는 것, 이를 위해 자신의 지식을 총동원해서 놀이를 재미

있게 하려고 궁리하는 것뿐만 아니라, 놀이하면서 심장이 터질 듯이 두근거리거나, 실패하지 않으려고 긴장하거나, 자신의 감정을 참거나, 져서 분한 감정을 느끼거나 하는 것도 모두 전전두피질의 기능을 키우는 것입니다."

이처럼 영유아기에 가장 중요한 활동은 '놀이'입니다. 특히 친구와 실컷 노는 것은 아이에게 있어서 뇌를 성장시키는 커다란 학습입니다.

> "아이들은 놀이를 통해 전두엽이 발달됩니다."

Part 3

저출산 시대의 육아

지역의 역할

부모의 역할

지켜보는 것의 중요성

1.
지역의 역할

집의 공간 나누기

　필자가 어렸을 때 대부분의 집에는 '응접실'이라는 방이 있었습니다. 손님을 접대하는 방이지요. 지금 생각해보면 도대체 누가 왔었는지 기억나지 않지만, 그 손님을 위해 여러 가지를 배웠던 것 같습니다. 예를 들어 손님이 빨리 가셨으면 할 때에는 '빗자루를 거꾸로 해서 기대어 세워놓으면 된다'라든가, '오늘은 중요한 손님이니까 초밥을 먹게 될 것이다'라든가, 또는 '예의 바르게 인사하고 와'라고 주의를 받던 일 등입니다. 생물 가운데 자기 둥지 속에 다른 이를 불러들이는 이는 인간뿐이라고 합니다.
　또 집에서 정원으로 나가는 곳에 '툇마루'가 있었습니다.

 식구들은 안쪽에 앉고, 이웃은 정원을 돌아 들어와 툇마루에 앉아서 서로 이야기를 나누곤 했습니다. 툇마루는 바깥과 안쪽을 연결하는 역할을 하는 곳이었습니다. 또 지역마다 우물이 있었습니다. 소위 '우물터 회의'가 행해지던 곳입니다. 지금 우물터는 거의 사라지고 없습니다.

 그 대신 집 안에 생겨난 것은 개인 방입니다. 특히 '아이 방'은 대부분 어느 집에나 있습니다. 이는 큰 변화입니다. 아이들에게는 사람과 교류하는 장소가 없어지고 스스로 틀어박힐 공간이 생긴 것입니다. 더욱이 그 방은 다른 사람과 만나지 않고 출입할 수 있도록 방으로 연결된 계단이

현관을 들어서자마자 있습니다. 이는 제2차 세계 대전 후 주택공단의 '프라이버시를 지킨다'는 방침에서 나온 것으로 아무에게도 간섭받지 않는 독방을 각자 가져야 한다는 생각에 기반하고 있습니다. 이렇게 프라이버시를 지키려던 것이 지금은 다른 사람과 접촉할 필요 없이 자신의 생각대로 자기 마음대로 살아가게 된 것입니다. 그리하여 사람과 교류함으로써 길러지는 힘이 자라지 못하게 되었습니다.

사람과의 교류

가족, 이웃, 친구 사이에서도 우리는 무의식중에 거리감을 두면서 생활하고 있습니다. 예전 일본에서는 '지역 사회'도 부성(父性)의 역할을 담당하고 있었습니다. 자기 아이, 이웃의 아이를 가리지 않고 관심을 주고, 사람의 도리를 가르치고 격려하며, 지역 사회 전체가 나서서 아이를 키워가는 기풍이 있었습니다. 그래서 옛날의 어머니들은 오로지 친밀한 모성을 발휘하면 되었던 것입니다. 그러나

오늘날에는 이러한 지역 사회의 기능이 쇠약해졌습니다.

그런데 옛날이라고 해서 반드시 지역 사람들이 친밀했던 것은 아닙니다. 일본 에도 시대의 에도(지금의 동경)에는 공동주택[長屋]이라는 주거 형태가 있었는데, 이름처럼 양옆집이나 앞집이 가까운 거리에 있었습니다. 그러나 그 생활은 생각보다 이러쿵저러쿵 쓸데없는 참견을 하지 않는, 삭막한 도시 생활이었다고 합니다. 생활거리가 극도로 가까운 만큼, 정신적인 면에서는 거리를 두어야 할 필연성이 생겨난 것이겠지요. 흔히 '부탁받으면 싫다고 하지 않는 것이 에도인의 기질'이라고 합니다만, 그것은 역으로 말하면 부탁받지 않은 일에는 일절 간섭하지 않는다는 것입니다. 가정 내 부모 형제간에도 이러한 선긋기가 있었습니다. 아이에게 꿈을 거는 것은 부모의 이기심이며, 아이에게는 아이의 인생이 있기에 의존하려 하지 않는 한 부모는 돕지 않고 지켜보기만 할 뿐 지시하지도 않았다고 합니다.

어느 날 신문에서 이런 기사를 읽은 적이 있습니다.

"에도에서는 아무리 부유한 집이라도 아이의 개인 방이 없는 것이 당연했기 때문에 아이가 집에 있는 동안에는 언제나 부모의 시선이 닿는 곳에 머물렀다. 마을로 나가면, 마을 내 어른들의 눈이 있었다. 길거리에서는 걸어다니는 사람 수만큼 인사를 해야 했던 것이 에도의 관습이어서, 좀처럼 비행을 저지를 수도 없었다.

그래서 에도의 아이들은 조금이라도 빨리 성인이 되기를 원했을 것이다. 핵가족이 많았던 에도에서는 마을 내 아이들 간의 교류가 많았는데, 아이는 자기보다 조금 더 나이 많은 아이에게 부대끼며 자라는 것이 순리였다. 아이를 야단치는 이도, 아이를 보호하는 이도, 나이가 조금 더 많은 아이였다. 어른이 아이들의 싸움에 간섭하는 것은 부끄러운 일이기 때문에 도를 넘어선 경우를

제외하고는 아이들이 해결할 수 있도록 했다. 아이는 미완성의 어른이 아니라, 아이로서의 인격과 아이로서의 사회를 가지는 것에 어른으로부터 인정받고 있었던 것이라고 생각한다. 우리도 예전에는 모두 아이였다. 예나 지금이나 이 성장을 눈부시게 바라보는 어른의 눈동자는, 모두 그렇게 이야기하고 있는 것 같다."

서양화된 공동체

  일본 에도 시대부터 내려온 공동체 의식은 전쟁 시기에는 지역수호대로 나타났습니다. 서로가 서로를 지키는 기능으로 바뀐 것입니다. 모두가 힘을 합치는 것과 동시에 모두가 무엇이든 함께라는 상태가 되었습니다.

  패전 후 서양의 자유주의, 개인주의가 만연하는 가운데 공동체 의식에 대한 반동으로 서로가 서로를 간섭하지 않을 뿐만 아니라, 이웃에게 부탁도 하지 않고, 이웃이 부탁을 해도 들어주지 않는 관계가 되어버렸습니다. 한편 서양에서는 교회나 사회복지제도가 있어서, 인간관계의 희박함을 보충하는 기능이 나름대로 있었습니다. 그러한 서양의 지원제도는 일본에서는 발전되지 못했습니다. 그러는 가운데 아이 양육은 점점 고립되어 가정에서만 이루어지고, 동시에 거품경제 시기와 겹치면서 육아는 어머니가 짊어져야 하는 것이 되었습니다. 마을 전체에서 하고 있던 육아가 3세아 신화로 상징되듯이 어머니만 육아에 전념해야 하는 것처럼 되어버린 것입니다. 그것이 아이의 성장에 서서히 영향을 주게 되었습니다.

"아이들이 사회적으로 교류하면서
성장할 수 있게 해주세요."

일시보육과 자신에게 상 주기

"즉시 입원하세요."라는 병원의 지시를 듣고, 바로 떠오른 것이 아들의 문제였습니다. 어쨌든 입원은 피할 수 있었지만, 나는 매일 병원에 링겔을 맞으러 가야 했기 때문에 '이 아이를 어떻게 하지?!' 걱정이 되었어요.

만약의 경우를 대비해 아이를 믿고 맡길 수 있는 곳을 찾아봐야지 하면서도, 왜 지금까지 그러지 않았는지 모르겠어요. '이 개구쟁이가 폐를 끼치지 않고 지낼 수 있을까?' 하는 걱정이 반이었고, 또 나 스스로 취직도 안했으면서 아이를 맡기는 것에 죄의식을 가지고 있었기 때문인지도 모르지요. 하지만 이번 상황으로 인해 일시보육을 경험하게 되었습니다. 결과는 지금까지의 걱정은 불필요한 것이었어요. 우리 아들은 아이들끼리의 세계에 들어서자 꽤 원활하게 지내는 것 같았어요. 4시간 후에는 조금은 어른스러워진 아들을 보며 오랜만에 형언할 수 없는 사랑스러움을 느꼈답니다. '만약의 경우를 대비해' 뛰어갈 곳을 찾으려면, 일시보육을 적극적으로 이용해보는 것도 좋다고 생각합니다. 요즘에는 어머니가 기분 전환을 할 수 있게 배려하는 보육 시설도 있다고 합니다. 아이가 있어도 자신이 하고 싶은 것에 도전하는 시간을 가져보는 것은 어떨까요? 아이와 함께 성장해 나간다면 이 얼마나 멋진 일인가요!

자신에게 상을 줘본 적이 있나요? 아이를 맡기는 것도 때로는 필요하다면 멋진 상이 됩니다. 보다 친근한 상. 내 경우는 아이를 재운 후 혼자 방으로 가서 책을 읽다가 잠이 드는 것입니다. 다음날 일어나면, 아이 얼굴을 보고 '미안하다'는 마음이 들면서도 정말로 상쾌해진답니다. 지금 나에게는 '혼자가 되는 시간'이 가장 큰 상입니다.

2. 부모의 역할

가족 중 아이의 위상

우리가 이상적으로 생각하는 가족은 단지 현시대, 현사회의 고유한 가족 양식에 지나지 않습니다. 그것을 마치 계속 그래왔던 것처럼 생각하고 그 기준에 맞추지 않으면 안 된다고 생각해버립니다. 그러나 가족에 대한 사고방식은 시대에 따라 변하고, 아이들에 대한 생각도 시대에 따라 변합니다. 근대 이전의 아이는 사회 속에서 자랐습니다. 아이의 성장은 부모만의 부담이나 책임이 아니었고, 사회의 많은 어른들이 함께 맡고 있었습니다. 지역의 많은 성인이 아이들에게 부모 역할을 하고 있었습니다.

'에도 시대의 생활'이라는 기사에서 에도 시대 연구가 스기우라 히나코(杉浦日向子) 씨는 이렇게 말하고 있습니다.

"아이는 기본적으로 어엿한 한 명의 존재입니다. 태어나면 집안사람들이 기뻐하며, 건강하게 성장하기를 기대합니다. 이웃집 주민 모두가 아이를 키우는 부모라는 의식을 가지고, 아이가 늦게까지 밖에 나가 놀고 있으면 '얘야 이렇게 늦은 시간까지 뭘 하고 있는 거냐?' 하고 야단을 쳤습니다. 그래서 아이가 비행을 범하는 일은 그다지 없었던 것입니다. 또 어머니가

일을 하고 있는 경우에는 일손이 남는 사람이 아이를 돌봅니다. 즉, 공동주택에 사는 것 자체가 유사 가족이 되어 아이를 키웠던 것입니다. 대부분의 아이는 5, 6세가 되면 '서예교습소'에 다녔습니다. 여기에서는 히라가나(한글과 같은 문자)나 초서(草書) 등을 가르쳤습니다. 향학심에 불타는 아이는 교습소를 마친 후에 사설 학원에 진학하기도 했습니다. 에도 시대 후기의 문해율은 100퍼센트에 가깝다고 알려져 있어, 이 시대에 교육이 얼마나 잘 이루어지고 있었는지 알 수 있습니다."

이랬던 것이 근대에 들어오면서 부모와 아이를 둘러싼 공간이 가족의 사적 공간과 외부의 공적 공간으로 분리되었습니다. 가족의 프라이버시가 중시되고, 아이 교육은 부모와 자식 관계 안에서 이루어지게 됩니다. 아이는 사회가 키우는 존재라는 사고방식에서 부모, 특히 어머니가 중심이 되어 아이를 키우는 것으로 바뀌었습니다. 그리고 어머니와 아이 간의 관계는 친밀해져 갑니다. 과거 아이의 사회화는 다양한 타인이 관련된 복잡한 것이었는데, 이제는 부모만이, 어머니만이 관련된 매우 단순한 구조로 변화되었습니다.

　오늘날에는 아버지의 육아 참여로 인해 성별 분업형 부부 관계가 흔들리고 있습니다. 또 아이를 키우는 데 있어 부모에게 제공되는 미디어가 범람하면서 정보의 과잉으로 육아는 점점 복잡해지고 있습니다. 아이를 키우는 것은 어머니만의 역할이 아니며, 동시에 아이는 부모에게만 의존하는 것이 아니라, 정보라는 보이지 않는 가치관에 따라 키우도록 변화되었습니다. 이러한 시대의 육아는 어떻게 해야 하는지 다시 한 번 생각해보아야 할 것입니다.

저출산에 의한 '고립'

얼마 전까지 가정 내에서 아이가 '혼자 밥 먹는 것(혼밥)'이 문제된 적이 있습니다. 아버지는 직장 일로, 아이는 학원수업으로 귀가가 늦다 보니, 가족 각자의 생활 시간이 달라 아이가 혼자 식사를 하게 된 것입니다. 이는 대부분 어쩔 수 없는 사정으로 '혼밥'이 되어버린 경우였습니다. 여기서 '혼밥'이란, 가족의 식사 시간대가 다를 뿐 식사 장소나 메뉴는 동일한 것이었습니다.

그런데 최근의 '혼밥'은 질적으로 변했습니다. 식사 시간대가 같아도 먹는 장소나 메뉴가 각각 달라졌습니다. 모든 것이 풍부해지고 저출산 사회가 되면서 부모는 아이 한 명 한 명에게 대응할 수 있게 되었습니다. 이에 언제나 원하는 대로 할 수 있게 된 아이는 자기가 하고 싶은 것을 요구하게 됨으로써 혼자 밥을 먹게 된 것입니다.

"누구와 식사할 때에 즐겁습니까?"라는 질문에 "혼자"라고 답한 아이가 15.5퍼센트나 됩니다[『알고 있습니까, 아이들의 식탁』, 아다치 미유키(足立己幸) 저]. 혼밥을 하는 이유가 첫째, 천천히 음미하면서 먹을 수 있고, 왠지 모르게 간편해서. 둘째, 혼자일 때 오히려 마음 편하게 있을 수 있어서. 셋째, 잔소리를 듣지 않아도 되어서라고 하는데, 이를 보면 아이들이 혼자 밥 먹기를 오히려 바라고 있다는 것을 알 수 있습니다. 최근에는 식사를 자기 방에서 하는 아이가 늘고 있다고 합니다. 나가사키에서 남자아이를 살해한 소년도, 어머니와 친밀하게 지냈음에도 불구하고 그의 방에 컵라면 용기가 흩어져 있었다고 합니다. 식사를 가족과 하지 않고 자기 방에서 혼자 해결했던 것입니다.

『21세기 학교는 이렇게 될 것이다』[테라와키 켄(寺脇研) 저, 신조사(新潮社)]에서는 다음과 같이 언급하고 있습니다.

"핵가족화와 함께 생활 스타일이 표면적으로 미국화되었다고 할까요? 아이들의 독립심, 자립심을 키우기 위해서라는 목적은 그다지 깊게 생각지 않고, 형식만 모방해서 아이 방을 따로 두는 가정이 점점 늘고 있습니다. 거기까지는 아직 괜찮지만,

점차 아이 방에 텔레비전을 넣고, 전화를 넣어, 아이 방을 완전한 밀실로 만들어버려 부모의 주의가 미치지 못하게 된 경우도 있습니다. 아이 입장에서 보면 다른 아이가 갖고 있기 때문에 자기도 갖고 싶은 마음이 드는 것이 당연하겠지만, 거기에 대응하기 위해 필요한 것은 부모로서의 자신감이 아닐까 생각합니다. 요즘 부모는 다른 집은 그 집 나름의, 우리 집은 우리 집 나름의 철학이 있다고 자신 있게 말하지 못합니다. 현시대의 아이뿐만 아니라 에도 시대의 아이나 메이지(明治) 시대의 아이라도 다른 아이가 좋은 물건을 갖고 있으면 자기도 갖

고 싶은 마음이 똑같이 생겼을 것입니다. 그러나 에도 시대, 메이지 시대의 부모는 '옆집에서는 사줄지 모르지만 우리 집에서는 사주지 않는다'는 것을 분명하게 말했습니다. 지금은 그런 자신감이 왜 없어졌을까 생각해보면, 정보화 사회가 됨으로써 다른 사람의 정보가 쉽게 전해지기 때문인 것 같습니다. 하지만 역시 부모는 '아이쯤은 두렵지 않다'고 생각해야 합니다. 요즘에는 부모가 아이를 너무 두려워하는 것 같습니다."

스킨십(애착 관계)

스킨십의 중요성은 옛날부터 강조되어 왔습니다. 스킨십은 뇌 발달 면에서도 아이의 발달에 효과가 있음이 최근 과학적으로 밝혀졌습니다. 특히 영유아기에 아이를 직접 만지는 것의 중요성이 지적되고 있습니다. 그러나 요즘에는 스킨십을 하는 장면을 보기가 힘들어지고 있습니다. 특히 일본에서는 스킨십이 극단적으로 줄어들고 있습니다.

예전에 일본에서는 삼대 스킨십으로 불리는 것이 있었습니다. 하나는 '곁잠 자기'입니다. 아이 옆에서 부모도 함께

잠을 자는 것입니다. 유럽이나 미국에서는 거의 볼 수 없던 일입니다. 부모와 아이가 함께 자면 아이의 자립이 늦어진다고 생각했기 때문입니다. 그래서 일찍부터 아이는 자기 방, 자기 침대에서 혼자서 자야 했습니다. 그러나 최근에 특히, 미국에서는 이 곁잠 자기가 재검토되면서 부모와 자식이 함께 자는 일이 증가하고 있다고 합니다.

그다음 스킨십으로는 '업기'와 '안기'입니다. 예전에는 포대기로 아기를 업고 집안일을 하거나 외출하는 부모의 모습을 자주 볼 수 있었습니다. 그 후에는 아기 엉덩이 밑을 지탱하기 쉽도록 넓게 생긴 어부바 끈이라는 것이 사용되었습니다. 업으면 아이의 몸은 전신이 부모에게 밀착됩니다. 그런데 이것을 사용하면 아이 다리가 안짱다리가 된다고 해서 아이와 부모의 몸이 약간 떨어지는 '안기'가 많아지고, 안기 끈이라는 것을 사용하게 되었습니다.

그랬던 것이 눈 깜짝할 사이에 유럽이나 미국처럼 유모차에 아이를 태우고 다니게 되었습니다. 신문 보도에 따르면 낮에 아기를 집안에서 돌보는 것이 어렵다는 이유로 유모차

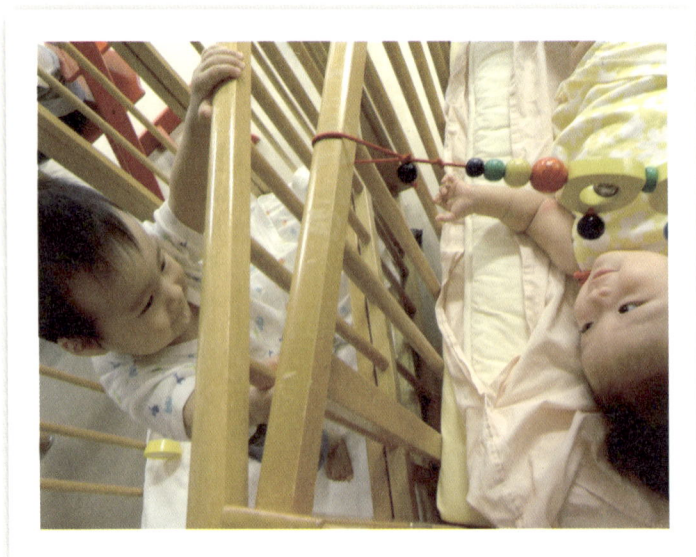

에 태워서 길가에 아이만 내어놓는 어머니도 있다고 합니다.

　마지막 스킨십으로 기저귀 갈이와 모유 수유가 있습니다. 아이와 피부를 접하는 기회인 기저귀 갈이는 일회용 기저귀가 나오면서 교체 회수가 줄어들었습니다. 모유를 줄 때의 접촉도 짧아졌습니다. 점점 서구화되는 것처럼 보입니다. 그러나 정작 유럽과 미국의 실상은 다릅니다.

　실제로 유럽, 미국에서는 아이와 만날 때, 헤어질 때, 일어날 때, 자기 전에 아이를 안고 키스를 하는 것으로 아이와의 접촉이 늘 이루어집니다. 이러한 것을 일본에서는 볼 수 없습니다. 외국에서는 길가에서 호들갑스러울 정도로 아이를 안고 칭찬하는 부모를 발견하곤 합니다. 일본에서는 큰 소리로 아이를 야단치는 부모는 있어도 칭찬하는 모습은 거의 볼 수 없습니다. 이처럼 일본만이 점점 아이와 부모의 스킨십이 줄고 있습니다. 아이와 떨어져서 말로 지시하거나, 아이에게 간섭만 하게 된 것입니다.

> "양육에서 스킨십은
> 　　　　매우 중요합니다."

부성과 모성

모성과 부성의 차이를 '거리감'으로 볼 수도 있습니다. 육아에서도 이 거리감이 중요하다고 생각합니다. 모성은 어느 쪽이냐 하면, 부모와 자식의 밀착된 애정을 나타냅니다. 부성은 어느 정도 거리를 둔 애정입니다. 좋고 나쁨은 차치하고 아이에게 무슨 일이 생겼을 때 어머니는 우선 안고 위로하려고 합니다. 아버지는 아이에게 무슨 일이 생겼는지 거리를 두고 보며, 문제를 해결하기 위한 조언을 하려고 합니다.

1997년에 발행된 〈뉴스위크〉지에 아이의 뇌 발달에 미치는 부모 각각의 역할이 특집으로 실린 적이 있습니다.

"어머니는 10회 중 9회는 동일하게 안는 방법을 사용하지만, 아버지는 10회 중 9회는 아이의 몸을 거꾸로 드는 등 안는 것과는 다른 방법을 사용한다. 이는 어머니가 일하고, 아버지가 육아를 하는 가정에서도 동일하게 나타난다고 한다. 조사 결과, 아이의 '자립'을 보다 촉진하는 것은 아버지였다. 어머니와 비교해 볼 때 아버지는 눈앞에 보이지 않는 곳으로 아기가 가는 것도 저지하지 않고, 기어 다니는 아기를 멈추게 할 때의 거리도 어머니보다 2배 더 허용한다고 한다. 반대로 어머니는 아이에게 '안심감'을 준다. 이 '안심감'과 '탐구심'을 중시하는 각각의 육아 스타일은 양쪽 모두 아이의 감정을 발달시키는 데 도움이 된다. 아버지가 적극적으로 육아를 한 아이 쪽이, 부모에게서 떨어지거나 모르는 사람과 만났을 때 우는 경우가 적다는 연구 보고도 있다. 아이에게 안심감을 배양하는 것이 어머니, 탐구심을 기르는 것이 아버지라고 한다면, 아이의 집단적응능력을 키우고 자신과는 다른 사람의 사고방식을 수용하는 다양성을 키우는 것은 가족보다 더 넓은 시스템 안에서이다."

오늘날의 아버지는 어떻습니까? 일률적으로 말할 수는 없지만, 다정하고 밀착하는 타입의 아버지가 늘어나고 있습니다. 이는 나쁜 것이라고 할 수 없지만, 아이에게는 가정 내 어머니가 둘인 셈이 되어 늘 감시받고 있는 것 같은 기분이 든 적이 많다고 합니다. 조금 더 부모가 균형을 잡고, 각자의 가치관을 견지하면서 아이를 지지하는 태도가 필요하지 않을까요? 이러한 다양한 관계 맺음이 아이의 발달에 좋은 영향을 줍니다. 어머니가 육아에 쫓기고 있을

때 아버지의 육아 참여는 여유를 줍니다. 아버지의 육아 참여가 많은 최근에는 어머니의 걱정을 증폭시키는 육아 참여 방법을 쓰는 아버지가 있기도 합니다. 어머니와 아버지는 때때로 역할을 바꾸는 것이 필요합니다.

 유연한 남녀 관계는 앞으로의 시대를 살아가는 아이에게 중요합니다. 또 아버지의 육아 참여는 아버지 자신에게 있어서도 업무의 폭을 넓혀줍니다. 앞으로의 세계는 육아 체험이 직무 평가에도 포함될 것입니다. 일본에서는 아직 육아가 업무의 장애 요인이 되는 경우가 많지만, 서양에서는 점점 긍정적으로 평가되고 있습니다. 아이가 있다는 것은 시간을 빼앗기고, 돈이 들고, 하고 싶은 것을 못하는 것이기에 마이너스가 되는 면만 생각하기 쉽습니다. 좀 더 플러스가 되는 면을 생각해보고, 적극적으로 업무에 적용하는 방법을 생각해봅시다. 사회나 회사도 그 가치를 인정하게 되기를 바랍니다.

> "자녀 양육에서 아버지의 역할을 확대할 필요가 있습니다."

3.
지켜보는 것의 중요성

앞으로 키워야 할 아이들의 힘

학교 교육에서는 앞으로 아이들에게 필요한 힘을 '살아가는 힘'으로 부릅니다. 지식 측면에서는 '확실한 학력'을, '지

식과 기술에 더하여 사고력, 판단력, 표현력 등을 포함한 것으로 배움에 대한 의욕을 중시한 학력'이라고 했습니다.

앞으로 필요한 힘을 키우는 것은 영유아기부터 가정에서도 행해야만 합니다. 지식과 기술은 가르치면 알게 되는 것입니다. 물론 이것도 아이의 힘으로서 결여되어서는 안 되겠지만, 그 지식과 기술을 사용하고자 하는 마음이 없으면 아무리 지식, 기술을 갖고 있어도 의미가 없습니다. 그

마음이 '의욕'인 것입니다.

앞서 말했듯이 이 의욕이 세계적으로 일본 어린이가 낮은 부분입니다. 이거 해라, 저거 해라, 이걸 외워라 등 언제나 지시를 받아서 싫증이 난 것입니다. 그래서 지시받지 않으면 더 이상 하지 않습니다. 또 '좀 더 의욕을 가져봐!'라고 해도 어떻게 해야 하는지 모릅니다.

본래 아이는 어릴 적에는 여러 가지 일에 흥미를 가지고 있습니다. 호기심이 왕성하여 무엇이든 스스로 해보려고 합니다. 이 시기에는 아이가 흥미 있어 하는 것에 어른도 흥미를 가지고 아이가 하고자 하는 것을 지켜봐주는 것이 중요합니다. 그리고 아이가 그것을 할 수 있도록, 아이가 할 수 없는 것은 도와줍니다. '그런 것보다 이것을 해', '그건 쓸데없는 거야', '그건 아직 무리야', '대신 해줄게' 등 이러한 말들이 아이가 하고자 하는 의욕을 잃게 만듭니다. 그리고 반복되면 더 이상 아무것도 하려고 하지 않습니다. 영유아기에 있어서 놀이는 자발적이지 않으면 습득되지 않습니다. 아이가 흥미를 가지고 몰두하는 것을 지그시 지켜봐주세요.

관계 맺는 힘

또 한 가지, 앞으로 필요한 힘으로 '타인과 관계 맺는 힘'이 있습니다. 그러나 이 힘은 지금의 사회 환경에서는 좀처럼 형성시킬 수 없습니다. 다른 사람과 관계하는 상황이 적기 때문입니다. 이때 유치원과 어린이집은 아이들에게 가장 중요한 관계 맺음의 장이 됩니다. 그러나 이 집단은 저출산 사회에서 자라는 아이들에게 스트레스를 주는 경우도 있습니다. 다른 아이와의 관계에서 참을 수도 있고, 문제를 일으킬 수도 있습니다. 그러나 이는 사회를 배워가는

과정입니다. 또한 이 스트레스가 뇌의 전두엽을 작동하게 하는 것도 이미 알려져 있습니다. 아이가 스트레스를 받을 때 부모는 이 상황을 부정하지 말고, 아이를 지켜보며 아이의 기분에 공감할 필요가 있습니다.

예전에는 아이가 괴로워할 때, 이 상황을 극복하도록 부모는 특히, 아버지는 아이가 약한 마음을 먹는 것을 꾸짖고, 괴로움을 참고 견디도록 가르침으로써 아이 스스로 인내하는 것을 배우게 하고 강한 아이가 되게끔 했습니다. 그런 대응도 필요하지만, 먼저 그 고통을 부모가 알아주고 받아들임으로써 아이에게는 부모에 대한 신뢰감이 생겨나고 극복하는 힘이 솟아납니다. 어린이집에서 문제를 호소하는 아이에 대해 '잘 참아냈구나' 하고 공감해주는 것도 필요합니다.

요즘 부모는 아이가 안됐다고 생각해서 즉시 그 상황을 피하게 해주려고 합니다. 그러나 아이가 자기 힘으로 극복하고자 하는 것도 지켜봐줄 필요가 있습니다. 그리고 이겨내지 못할 것 같을 때에는 극복할 수 있도록 돕는 것이 '지켜본다'는 것입니다. 이는 그저 '본다'는 것과는 다릅니다.

> "부모의 지켜봄은 자녀와의 신뢰감 형성에 중요한 요소입니다."

지켜보는 것

어떻게 아이를 지켜보면 좋을까요? 정리해보겠습니다.

1. 아이가 하려고 할 때 그것을 자신이 말로 하도록 기다려주고, 스스로가 하기 시작할 수 있도록 환경을 마련해줍니다.
2. 아이가 무언가 문제를 안고 있을 때, 그것을 없애주려고 하지 말고, 스스로 그것을 해결할 수 있도록 도와줍니다.
3. 아이가 무엇을 생각하고 있는가를 언제나 미리 생각하지 말고, 아이의 생각을 들어줍니다.
4. 아이가 다른 사람과 문제를 일으켰을 때, 자기 아이만을 정당화하지 말고 냉정하게 판단합니다.
5. 아이는 무언가를 줘서 즐거워하는 것이 아닙니다. 누가 자기 기분을 이해해주기를 바라고 있습니다.
6. 아이는 자기 때문에 부모가 희생하는 것을 원치 않습니다. 아이가 무언가를 원할 때 자신이 우선순위에서 높은 쪽에 있기를 바랍니다.
7. 아이가 스스로 할 수 있는 것과, 스스로 하고자 하는 것을 도와주면, 아이에게는 오히려 폐가 됩니다.

8. 아이가 단계별로 자립해가고, 부모가 필요하지 않게 되는 것은 기뻐할 일이며, 섭섭해 할 일이 아닙니다.

9. 아이를 응석받이로 키우는 것과 아이의 응석을 수용하는 것은 다릅니다.

10. 아이는 혼자 크는 것이 아니라, 사회 속에서 여러 상황을 통해 배웁니다. 그것을 지켜봐야 합니다.

11. 아이에게는 각자의 연령에서 배울 것이 있습니다. 조기에 시키고자 하는 것은 오히려 시기를 늦추어버리는 것이 될 수 있습니다.

12. 발달에는 순서가 있습니다. 어떤 시기의 발달을 뛰어넘거나 순서를 반대로 해버리면, 앞으로의 발달에 왜곡을 일으키거나 퇴보할 수 있습니다.

13. 아이가 하는 것에 언제나 벌이나 상을 주면, 그것이 목적이 되어버려 상벌이 없으면 하지 않으려고 할 수 있습니다.

14. 아이에게는 해주는 것보다 아이가 하는 것을 지켜보는 것이 중요합니다.

Essay
원장실 소식

너그럽게, 유연하게 합시다
모르는 사람을 따라가면 안 돼요
싫어하는 것은 안 먹어도 돼
좀 더 신체 접촉을 해주면 좋을 텐데
저기 저기, 같이 놀아요
혼자서 해냈구나! 대단하네
이 그림 재미있네, 선생님이 같이 그려도 될까
엄마와 아빠의 놀이 방법, 전혀 다르네요
왜 선생님이 싫어하는 걸 할까
21세기이므로 미래를 진지하게 생각합시다
이 이야기, 무서워
매일, 아주 즐거워요

매일 어린이들을 대하면서 얻은 발견과
부모와의 상담 이야기 등
어린이집 원장의 관점에서 정리한 에세이입니다.

* 본 기사는 〈하나마루키즈(はなまるきっず)〉 2000년 4월호~2001년
  3월호에 연재된 것입니다.

vol.1
너그럽게, 유연하게 합시다

영유아에게는 놀 자유도, 반항할 자유도, 응석부릴 자유도 있습니다

봄, 봄이로구나. 와! 올해야말로 가족과 천천히 꽃구경을 하고 싶구나. 하지만 우리들 보육인의 4월은 입학, 상급반 진급 등으로 그럴 시간이 없습니다. 새로운 환경에 익숙하지 않은 영유아들이 매일 즐거운 사건을 일으키고, 어머니들과 상담도 해야 하기 때문입니다.

"원장 선생님! 보호자께서 오셨어요."

네네. 오늘도 이런 상황입니다. 앗, 저분은 길동 어머니.

"무슨 일이세요?"

"원장 선생님! 우리 애가 좀처럼 밤에 잠을 못 자요. 언제

나 11시 정도 돼서 겨우. 아침에는 잘 일어나지 못해 매일 지각, 어떻게 하면 좋을까요?"

길동이는 3월에 입학한 만 2세 남자아이입니다. 어머니는 직장 생활을 활기 차게 하는 커리어우먼. 길동이가 잠이 부족하여 아침에 축 늘어져 있으면, 자기도 모르게 짜증이 난다고 합니다.

"정말로 힘들어요."

"글쎄요, 그렇다면 어머니가 먼저 주무시면 어때요? 어머니도 주무실 자유가 있으니까요."

"네?"

피곤한 사람이 먼저 잔다. 당연한 일 아닌가요? 아이도 하고 싶은 것을 끝내면 곧 잘 거예요. 부모가 깨어있고, 아직 즐거운 일이 있을 것 같다고 느끼면 아이는 절대 자지 않습니다. 사실은 졸리지만요. 부모에게 자유가 있듯이 아이에게도 자고 싶을 때 잘 자유가 있습니다. 응석부릴 자유도, 반항할 자유도요. 그렇다고 좋아하는 것을 마음대로 하게 두는 것이 아니라 연령, 성장에 따른 제한 속에서 '자유'를 주는 것이죠. 이 자유를 보장해주는 것이 부모님에게도 보육교사에게도 중요합니다.

길동이 어머니는 어리둥절하며 돌아갑니다. '아이의 자유를 보장한다' 어렵다고 생각합니까? 실은 매우 간단한 일입니다. 요컨대 '아이 자신이 선택하게 한다'는 것입니다.

스스로 선택한다, 자신의 책임을 영유아 시기에 가르치자, 자립하는 사람이 될 수 있도록

자유는 기본적으로 자유를 누릴 힘이 없으면 부여받을

수 없습니다. 예를 들어 1세 아이에게 '달려!'라고 해도 달릴 수 없지요. 그러므로 1세 아이에게 달릴 자유가 없습니다. 어른처럼 밥을 먹을 자유도 없습니다. 그런 힘이 아직 없기 때문이지요. 2~3세아의 경우에도 가능한 일과 가능하지 않은 일이 있으므로 확실히 구별하여 자유를 보장해 주세요.

예를 들어 놀이의 경우, 어른이 '밖에서 놀자'라고 강요하지 말고, 몇 가지 놀이를 제안하고, 그중에서 선택하게 하는 것입니다. '밖에서 노는 것과 그림 그리는 것, 블록으로 쌓기 놀이 중에 어떤 걸 할래?'라는 식으로. 그리고 놀이 방법을 선택했다면, 스스로 정리하는 것도 알게 하세요. 자유에는 책임이 있는 것입니다. 어른에게나 아이에게나 그것은 같은 이치지요.

한편, 식사와 관련해서 아이에게는 식사를 하지 않을 자유는 없습니다. 하지만 즐겁게 식사할 자유는 있습니다. 아무쪼록 젓가락 잡는 법 등으로 화를 내지 않도록 하세요. 젓가락 잡는 법은 놀이 속에서 가르치면 되니까요.

최근 유행하는 과외활동과 관련해서는 아이는 선택할 자유가 없습니다. 아직 선택할 힘이 없는 아이에게 '수영과

피아노 중에 무엇이 좋아?' 하는 식으로 물으면 안 되지요. 부모가 선택하고 즐겁게 할 수 있도록 연구해주세요. 스스로 선택하지 않았으므로, 억지로 열심히 하라고 하는 것은 좋지 않습니다.

앞의 말들이 아이에게 전부 꼭 들어맞는 것은 아닙니다. 평상시 어느 정도의 자유를 보장해주면, 중요한 때에 참을 수 있는 아이가 됩니다. 또한 2~3세는 반항기입니다. 반항하는 자유도 보장해주세요. 짜증내지 말고 너그럽게, 유연하게 대하는 것이 최고입니다.

vol.2
모르는 사람을 따라가면 안 돼요

'모르는 사람'을 가르치려면 '아는 사람'을 많이 만들어요

햇살이 따끈따끈해졌습니다. 이런 날에는 산보가 최고.
"원장 선생님, 다녀오겠습니다."
아마도 2세아 반이 산보 나가는 것 같습니다. 어린이집에 입학한 지 1개월. 조금씩 어린이집 생활에도 익숙해진 아이들이 어색하게 정렬해서 걷는 모습은 얼마나 귀여운지 모릅니다. 아, 벌써 줄이 엉망이 되어 선생님한테 주의를 받고 있네요.
"모르는 사람 따라가면 안 돼요! 알았지요?"
"네!"

　어린이집에서는 낯선 사람의 무서움을 아이들에게 확실하게 가르치고 있습니다. 여러 가지 사건이 일어날 때마다 많은 어린이집에서는 다시 한 번 문단속을 철저하게 하고 외부로부터의 침입을 막고 있다고 들었습니다만, 우리 어린이집에서는 전혀 다른 방법을 사용하고 있습니다. 거꾸로 사람의 출입을 많이 하게 하여 낯익은 사람을 만드는 것입니다.

　아이들은 어린이집에 출입하는 대부분의 어른 얼굴을 알고 있습니다. '아무개 엄마'라든가, 산보 가는 공원에 자주 멍멍이를 데리고 오는 '이웃 아줌마'라든가. 아이들이 알고 있는 사람은 매우 많습니다. 그래서 모르는 사람이 들어오면 아이들 전원이 한눈에 알아봅니다. 실제로 모르는 사람이 들어왔을 때는 선생님들이 반드시 '무슨 일로 오셨지요?'라고 말을 겁니다. 수상한 사람이라면 그 말만으로도 도망가버리고 말지요.

그러므로 문은 잠가놓지 않습니다. 지역 간의 교류도 활발하게 하고 있습니다. 아이들에 대한 교육은 어린이집이나 가정뿐만 아니라 지역 전체에서 이루어지는 것이니까요.

자기 아이를 집에 가둔다, 디지털 엄마·아빠 급증 중

최근에는 이웃과 교제를 하지 않는 집이 많지요. 교육은 지역 사회 전체에서 행한다는 관점에서 본다면 매우 안타까운 일입니다. 아이는 다양한 사람과의 교류, 사귐 속에서 인격을 형성해가기 때문입니다.

실제 생활은 어떨까요? 집과 어린이집을 차로 다니고, 쇼핑도 차로 대형 마켓에서 하기, 휴일에는 차로 유원지 가기 등등 대부분의 이동수단은 자동차. 컴퓨터를 자유자

재로 다루고, 인터넷을 활용한 정보 교환은 당연한 것. 요즘 엄마·아빠는 완전한 디지털 세대지요. 그것이 특별히 나쁘다는 것은 아니지만, 등하원 길에서 누군가 만나 이야기를 하거나, 상점가의 아저씨에게 과자를 받는 등의 예전 같으면 당연히 있을 법한 교류가 없어졌습니다. 실은 이것이 아이를 집에 가두는 것과 마찬가지입니다. 어린이집 밖에는 모르는 사람뿐이니까요.

이런 상황은 전반적인 의미에서 매우 위험하다고 생각합니다. 아이는 가두면 그곳으로부터 나오려는 마음이 길러지고 맙니다. 당연한 말이지만 어려도 정신의 균형을 잡으려고 하니까요. 그렇게 되지 않도록 하기 위해서라도 엄마·아빠가 지역과의 교류를 보다 깊이 하고, 모르는 사람을 줄여가는 것이 중요하겠지요.

"다녀왔습니다."

아아, 아이들이 돌아왔네요.

"공원에서 멍멍이와 놀고, 아줌마가 여러 가지 가르쳐 줬어!"

"좋았겠다. 산보 좋아해?"

"아주 좋아해!"

vol.3
싫어하는 것은 안 먹어도 돼

스스로 먹을 수 있는 만큼, 스스로 받아오기. 깨끗이 먹은 쾌감도 느껴요

아, 배고파. 이제 곧 점심시간입니다. 우리 어린이집은 급식을 실시하고 있기 때문에 아까부터 맛있는 냄새가 떠돌고 있습니다. 그런데 그런데, 오늘 메뉴는 뭘까?

'낫또 볶음밥, 시금치 참깨 무침, 우엉 채 간장 조림, 토마토 샐러드'

이 메뉴를 보고 어떤 생각이 들었나요? 대충 봐도 아이들이 좋아하는 것은 아니지요. 그래도 아이들은 날름 먹어 치워 버린답니다. 이런 메뉴로 정말로 그렇게 잘 먹게 할 수 있다는 것이 믿어지세요? 하지만 정말입니다. 이번에는 아이들이 잘 먹게 하는 비결을 가르쳐 드릴게요.

"원장 선생님, 식사입니다."

식사 준비가 된 것 같습니다. 2세아 반의 테이블을 닦는 것은 중간 나이(대략 4세) 아이들의 역할. 작은 아이들은 형, 누나의 행동을 주시하고 있습니다. 시키는 것보다 보여주는 것이 효과적입니다.

"네. 자, 자기가 먹을 수 있는 만큼만 말해주세요."

비결이라고 하는 것은 바로 이것입니다. 아이들은 자기

가 먹고 싶은 것을 먹을 수 있는 만큼만 직접 받아오기 때문에 당연히 남기지 않게 되는 것이지요. 아이들은 보육교사가 담아주는 것보다 그렇게 하면 신기하게도 잘 먹습니다. 이 방법을 선택하고 나서 우리 어린이집에는 남는 음식이 아주 많이 줄어들었습니다.

"선생님, 토마토 싫어요. 먹고 싶지 않아요."

"그래, 먹지 마. 선생님은 토마토를 아주 좋아하니까 선생님이 먹을게. 냠냠."

이것이 두 번째 비결입니다. 싫어하는 것은 먹이지 않아도 됩니다.

부모의 책임이나 사명감으로 야단치면서 무리하게 먹이지 않나요

이렇게 말하면 대부분의 사람은 "그래도 영양의 균형이…" 또는 "가리는 것이 많은 아이가 되는 것은 아닌지…"라고 반응합니다. 부모는 아이에게 균형 있게 영양을 섭취시키려고 합니다. '사명감'으로 먹이려 하지만, 그러면 안 됩니다. 그도 그럴 것이 먹는다는 것이 사명은 아니니까요. 자신의 욕구이자, 본래 즐기는 것이니까요. 싫어하는 것이 있으면 다른 식재료를 통해 영양을 섭취하면 되는 것이지요.

최근 화제가 되는 것은 집에서 혼자 밥을 먹는 이른바 '혼밥'을 스스로 바라는 어린이가 늘고 있다는 것입니다. 매우 충격적인 사실이지만, "왜?"라고 물으면, "그게, 혼나니까."라고 대답한다고 합니다. '남기지 말고 먹어요, 자세가 나빠요, 젓가락을 똑바로 잡아요, 가려먹으면 안 돼요, 이거 안 먹으면 텔레비전 못 봐요.' 식사 때 이렇게 혼 나면 목 안이 꽉 조여서 먹을 수 있는 것도 못 먹게 됩니다. 참 딱한 일입니다. 그러니 가정에서는 식사할 때 즐거운 분위기 조성에 유념해 주세요.

이 연령의 훈육은 '놀이를 통하여', '모방으로' 그리고 '칭찬하기'가 기본입니다. 젓가락 잡는 법은 소꿉놀이로 가르치면 되고, 부모가 바른 자세로 식사를 하고 있으면, 아이는 그것을 보고 반드시 흉내 내게 됩니다. 음식의 선호도 친구가 맛있게 먹는 모습을 보고 극복하는 아이가 많다고 합니다. 억지로 시키는 것이 가장 좋지 않습니다.

vol.4
좀 더 신체 접촉을 해주면 좋을 텐데

서양의 생활을 본떠 '업기'에서 '안기'로 그리고 '유모차'로 변화한 일본의 육아

'최근의 엄마·아빠는 그다지 아이와 신체 접촉을 하지 않는군.' 이것은 원아의 등·하원 모습을 보고 느낀 솔직한 감상입니다. 마중 나온 엄마에게 달려들거나, 손을 잡는다든가, 안거나 하는 광경은 그다지 볼 수 없게 되었습니다.

십여 년 전, 어릴 적부터 자립을 촉구하는 서양의 교육방법이 유행하여, 일본에서도 '업기'에서 '안기'로 그리고 '유모차'로 점점 스킨십이 없어지는 방향으로 변화하여 왔습니다. 지금은 그것이 일반적입니다. 하지만 잘 생각해보면 서양 사람들은 일상적으로 키스를 하거나 포옹을 하거

나 합니다. 스킨십의 균형이 잡혀 있는 것입니다. 일본인은 그런 것은 창피하게 여기기 때문에 하지 않으면서 표면적인 것만 흉내 내고 있습니다. 스킨십의 균형이 잡혀 있지 않은 것입니다. 밀착 관계가 없으면 부모 자식 간의 애착 관계는 잘 성립되지 않습니다. 중학생 정도가 되어 비뚤어지는 아이 중에는 어릴 때 그다지 안기지 않았던 아이가 많다고 합니다. 어렸을 때의 스킨십은 성장한 후에도 영향을 주는 것이지요.

최근 세계의 교육자들이 '옛날부터 내려온 일본의 양육방법이 옳은 것'이라고 입을 모아 말하고 있는 것을 알고 있나요? 아이와 같이 자거나, 업는 등 스킨십을 많이 하던 일본식 육아법이 지금은 주류입니다. 그것을 모르는 것은 일본인뿐이라니, 참 얄궂은 일입니다.

마음이 불안하니까 안기고 싶어 한다. 그런 어린이의 신호를 알아차리자

그러니 더 많이 아이에게 신체 접촉을 해주세요. 안는 버릇이 생긴다거나, 자립심을 막는다는 등은 옛말. 말을 잘하지 못하는 이 시기는 신체 접촉이 '회화(말)'인 것입니다. 꽉 안아주거나, 머리를 쓰다듬거나, 높이 띄워주거나, 무릎 위에서 그림책을 읽어주거나, 같이 자는 것, 그러한 스킨십 속에서 아이의 마음속 '불안'은 '안심'으로 변하고, 안심하게 되면 안아주지 않더라도 안정을 찾게 됩니다. 유아기에 충분하게 스킨십을 하면, 빠른 자립을 하는 강한 아이가 될 수 있습니다. 부모 역시 안으면 기분이 좋고, 마음도 안정

되고, 같이 놀면 스트레스 발산도 됩니다. 희생하라는 것이 아닙니다. 부모도 많이 즐겨야 합니다.

하지만 찰떡같이 늘 안아주기만 하는 것도 생각해볼 문제. 부모 자식은 너무 붙어 있어도, 너무 떨어져 있어도 안 됩니다. 일정한 거리감을 두는 것이 중요합니다. 이 거리감은 생활 속에서 감지할 수밖에 없습니다. 매뉴얼 같은 것은 없습니다. 단지 아이가 다양한 형태로 보내는 마음의 신호를 잘 발견한다면 자연스럽게 거리감을 유지할 수 있습니다. 육아는 균형 감각이니까요.

vol.5
저기 저기, 같이 놀아요

아이 스스로 발견하게 한다. 이것이 가장 중요합니다

　금년 여름 휴가는 어디로 가나요? 최근 몇 년 간은 캠핑이 대유행입니다. 우리 어린이집에서도 여름 캠핑 체험 이야기를 하는 아이가 많이 늘었습니다. 부모는 아이에게 시골 생활을 체험시켜 감성이 풍부한 아이로 기르고 싶어 하겠지요. 아주 좋은 일이라고 생각합니다. 하지만 '자연과의 만남에 아이가 감격해하는 것을 보고 싶다'는 부모의 마음과는 정반대로 아이들은 꽤 시치미를 뗍니다. '시시해!', '지쳤어!' 따위의 말을 하며 부모를 실망시키기도 합니다. 필자의 아이들이 어렸을 때의 이야기입니다만, 캠핑으로부터 돌아와 "무엇이 즐거웠어?"라고 물으면, "거기는 자동판매기에 동경에서 팔지 않는 주스가 있었어."라고 동문서답을 하곤 했습니다. 부모로서 크게 실망할 수도 있지만 필자는 그것도 좋다고 생각합니다. 왜냐하면 무엇이 아이의 흥미를 끌지 모르는 것이니까요. 그리고 어린 시절 그렇게 "걷는 거 싫어!"라고 투덜거리더니 성장한 지금은 걷는 것을 매우 좋아하는 것 같습니다. 그때는 아이가 즐거워하지 않는 것처럼 보였지만, 그런 경험은 후에 좋은 영향을 미칩니다.

중요한 것은 집중하고 있는 아이를 방해하지 않는 것입니다. 어른의 입장에서는 '이까짓 것'이라고 생각하는 돌멩이나 도자기 파편 등도 아이들에게는 대단한 보물이 될 수 있습니다. 그 속에서 인생을 좌우할 만한 것을 만날 가능성도 있으니까요.

같이 놀며, 아이의 말에 귀를 기울이자

아이들은 놀이 천재입니다. 어떤 곳에서든, 어떤 것으로든, 눈 깜짝할 사이에 즐거운 것을 발견하고 놀이의 세계에 빠져버립니다. 그리고 놀이 종류도 각인각색. 꽃이나 벌레 관찰을 좋아하는 아이도 있고, 힘차게 몸을 움직이는 것을 좋아하는 아이도 있습니다. 또 나뭇잎을 모으고 있나 했는데 바위에 올라가 점프하거나, 집에서 가져온 장난감을 가지고 노는 등 눈이 돌 정도로 빠르게 놀이가 바뀌어 하나에 집중하지 못하는 아이도 있습니다. 이는 호기심이 왕성하다는 증거이지만, 좀 집중하면 좋겠다고 생각되면 같이 놀면서 이끌어주세요.

 그렇지만 솔직하게 말해 아이의 놀이 상대는 힘든 일입니다. 몇 번이라도 같은 놀이를 반복하고, 바로 "안아줘."이니까요. 그래도 가끔 아이만 즐기면 얄미운 생각이 든답니다. 정말로 (하하).

 그래서 제안하자면, 아이의 상상력과 발상을 응용하여 업무나 가사에 활용해보면 어떨까요? 어린이의 신선한 시선으로 자신의 생활을 바라보면 의외의 힌트가 들어있을 수 있습니다. 실제로 대히트 상품의 아이디어를 발견한 아빠·엄마도 있답니다. 아이들은 '발상'의 천재이기도 합니다.

vol.6
혼자서 해냈구나! 대단하네

챙겨주는 애정과 지켜보는 애정, 무엇이 좋을까

어느 어머니가 나직하게 이런 이야기를 했습니다.
"우리 아이, 아직 애기 같아서요."
그 아이는 어린이집에서는 옷 갈아입기나 정리도 스스로 잘하는데, 집에서는 전혀 하지 않는 것 같습니다. 옷을 갈아입을 때는 큰대자로 서있을 뿐이고, 장난감 정리도 전혀 하지 않는다고 합니다. "우리 애도 그래요!"라고 공감하시는 분도 있을 것입니다.
"정말 힘들어요."
"으음, 그래도 어머니. 그것은 아이가 이대로 아기로 있기를 바라고 있기 때문은 아닌가요? 아이가 어머니로부터 멀어져 가는 것이 서운하기 때문은 아닌가요?"

"그럴지도 몰라요."

아기는 천사입니다. 젖 주기, 이유식 만들기, 외출할 때는 안아주기 등 손이 많이 갑니다. 그래도 그럴수록 귀여운 나의 아이.

계속 이대로 있으면 좋겠다는 마음은 알겠습니다만, 언제까지나 부모가 대신해서 무엇이든 해주는 것은 아이의 자립을 방해하는 요인이 됩니다.

아이에게는 자립할 권리가 있습니다. 그것을 뺏어버리는 맹목적인 사랑은 학대와 마찬가지. 꽤 충격적인 말이지만 사실입니다. 물론 안거나 같이 노는 스킨십은 매우 중요한 일입니다만, 때로는 따뜻한 눈으로 지켜보는 것도 필요합니다. 맹목적인 사랑은 아무리 시간이 흘러도 자립할 수 없는 성인을 만들뿐이지요. 챙겨주는 애정과 지켜보는 애정. 양쪽 모두 중요합니다만, 요점은 균형입니다.

혼자서 해내면 진심으로 칭찬해줍시다

 그렇다고 하더라도 아직 유아. 곧바로 옷을 갈아입거나 정리하는 것이 가능할 리가 없습니다. '세 살이니까 당연히 가능할 것이다'라는 식의 육아서 내용을 그대로 대입하는 것도 난센스지요. 개개인의 성장을 주시하고, 발달 단계에 따라 조금씩 해보게 하는 것이 좋습니다.

비결은 성취감을 느끼게 하는 것입니다. 옷을 갈아입는 경우, 바지에 다리를 넣는 것까지는 도움을 주고 마지막에 바지를 올리는 것은 스스로 하게 합니다. 장난감의 정리는 마지막 한 개를 반드시 아이에게 정리하게 합니다. "아, 됐다!"라는 성취감이 중요하기 때문입니다. 하나를 해내면 자신감으로 이어집니다. 그리고 조금씩 아이가 더 해볼 수 있도록 양을 늘려갑니다.

아이가 해내면 "깨끗해졌네. 잘했어. 대단해."라고 마음으로부터 칭찬해주는 것이 좋습니다. 말로만 해서는 안 됩니다. 아이들은 민감하기 때문에 금방 알아차립니다. 어린이집에서는 "어이구, 대단하네. 선생님 깜짝 놀랐어!"라는 식으로 지나칠 정도로 과장하여 칭찬하거나 감탄하거나 하고 있습니다.

이처럼 '성취감을 부여하는' 것과 '칭찬하는' 것은 옷 갈아입기나 정리뿐만 아니라 식사나 그림 그리기 등 모든 육아의 비결이기도 합니다.

vol.7
이 그림 재미있네,
선생님이 같이 그려도 될까

'그리고 싶다'는 아이의 기분을 소중히 여겨요

    스포츠, 식욕, 예술, 독서의 계절 가을. 이처럼 다양하게 표현할 수 있는 가을은, 영유아의 성장에 있어서도 지적인 일에 차분히 몰두할 수 있는 중요한 계절입니다.
    "원장 선생님! 다녀왔습니다."
    오전 중에 가까운 공원에 나갔던 아이들이 돌아왔습니다. 손에 나무열매를 움켜지고 있는 아이, 발견한 새 이야기를 하고 있는 아이 등 모습은 각양각색. 감동을 전하는 데도 몸 전체로 표현하는 아이, 노래로 표현하는 아이 등 가지각색. 그중에는 갑자기 "그림을 그리고 싶어요!"라고 말하는 아이도 있습니다. 하지만 곧 식사 시간. 이럴 때 가

정에서는 어떻게 하나요?

 우리 어린이집에서는 보육교사가 반드시 동반하여 그리고 싶어 하는 아이에게 먼저 그림을 그리도록 합니다. 무언가를 표현하고 싶어 하는 그 당시의 기분이 중요하기 때문이죠. "나중에 하자."라는 대답은 결국 아이로 하여금 그리고 싶지 않게 만들어버리니까요. 그리고 그렇게 하는 것이 식사도 빨리 할 수 있고, 결과적으로 빨리 정리할 수도 있답니다. 아이들에게는 그림을 그릴 자유가 있습니다. 그 자유를 보장해주는 것이 자립으로도 연결됩니다. 아이의 자립이라는 것은 단지 방치해두는 것이 아니라, 신경을 쓰고, 지켜보고, 자유를 보장하는 것이라고 생각합니다. 식사 시간에 그림을 그리게 하는 것이 귀찮은 일일지도 모릅니다. 그래도 그 자유의 보장이 어린이집에서도 가정에서도 가장 중요한 것입니다.

엄마·아빠가 무심코 던진 말에 그림 그리기가 싫어진 아이

아이들 중에는 그림 그리기를 싫어하는 아이도 있습니다. 그런 아이는 엄마·아빠와 자주 그림을 그리고, 그리는 방법을 배우는 경우가 많습니다. 그런데 왜 그림 그리기를 싫어하게 되었을까요?

"자동차는 그런 모양이 아니잖아."

"얼굴로 보이지 않는데?"

등의 말을 듣고 그리는 것이 재미없어진 것입니다. 생각을 표현하는 것이 그림입니다. 훌륭하게 그려도 생각이 표현되어 있지 않으면 그것은 그림이 아닙니다. 아이가 어떤 그림을 그리더라도 부정하지 말고 수용해주세요. 그리고

나아가 그것을 확장해주는 말을 할 필요가 있습니다. 예를 들어 개를 그리면

"멍멍이의 친구는?"

"꽃이나 집을 그리면 좀 더 즐거울 거 같아."

등 그림의 확장에 대하여 가르쳐줍니다. 물론 두세 살 아이이므로 훌륭하게 형태를 잘 그릴 수 없습니다. 색도 기껏해야 한두 가지 사용하는 것이 한계. 그래도 잘했다고 칭찬해주는 것이 좋습니다. 벽 등에 그림을 그렸다면 칭찬하지 말고, 그림을 그리는 장소를 정확하게 가르쳐주세요. '응석받이'로 키우는 것과 '자유를 주는 것'은 다르니까요.

vol.8
엄마와 아빠의 놀이 방법, 전혀 다르네요

'아빠 보육'을 통하여 남자의 육아를 생각해봅시다

오늘은 '아빠 보육'의 날. 참관보육의 날이 아니라 아빠들이 일일 보육교사가 되는 우리 어린이집의 첫 행사입니다. 기획 단계부터 아버지들이 참가하여 각자의 역할 분담부터 시간 계획까지 모든 것을 알아서 하는 것이지만, 실은 내심 조마조마합니다.

아침 인사가 끝나고, 드디어 아빠들의 모험(?)이 시작되었지요. "지금부터 바깥놀이를 하려는데, 스케치를 하고 싶은 사람, 모래놀이를 하고 싶은 사람, 통나무집 청소를 하고 싶은 사람, 각각 나누어 서주세요."라는 첫 발언.

저런 저런, 유아에게 스케치는 무리일 텐데. 게다가 청소를 선택하는 아이는 없을 텐데. 놀이를 선택하라는 것은 잘했지만, 이건 좀. 예상대로 모래놀이에 길게 줄을 섰습니다. 안됐다고 생각했는지 청소 줄에 네 명의 아이가 섰군요. 착하군. 스케치 팀은 밖에 나가 꽃을 그립니다. 예상대로 모두 5분 정도 지나자 재미가 없는지 다른 그룹으로 놀러가고 맙니다. 그런데 의외로 즐거운 모습을 보이는 청소 팀. 호스로 쏴쏴 물을 뿌리고 있어서 물놀이 느낌이네요. 처음부터 그럴 생각이었군요. 일을 놀이로 하다니, 기발한 발상이네요. 그리고 같이 노는 틈틈이

"선생님, 오줌!"

"저 애가 가진 장난감이 갖고 싶어!"

몇 십 명이나 되는 아이들의 요청에 대응해야 했기에 아버지들은 오전 시간만으로도 녹초가 됩니다.

아빠의 수고는 아직도 계속됩니다. 그래도 마지막에는…

그리고 급식 시간. 우리 어린이집의 급식은 먹을 수 있는 양을 미리 말하는 자기신고제입니다. 평소에 "조금만 줘

요."라고 하던 아이도 이 날은 들떠서 "아주 많이!"라고 말하는 아이가 속출했습니다. 식사 전후는 보육교사에게는 눈이 핑핑 도는 시간. "엎질렀다!" "피망 못 먹어." "숟가락 떨어뜨렸다." 등 이런 일이 익숙하지 않은 아빠들은 벌써 축 늘어졌습니다. 식사 후 아이들의 낮잠을 부러운듯 바라보고 있습니다.

그랬던 아빠들. 종료 후 또 하고 싶다고 하는 분이 많아

깜짝 놀랐습니다. 타인과의 관계를 처음으로 배우는 어린이집 교육은 중요하다는 말을 해주는 분도 있었습니다. 확실히 남자의 육아는 왠지 서투릅니다. 하지만 아빠만이 가능한 접근법이 있다고 생각합니다. 그러므로 "평일은 내가 하니까 쉬는 날 정도는 당신이 아이 좀 봐줘!"라고 육아 분담을 요청하는 것이 아니라, 청소를 놀이로 변화시킨 것과 같은 남성만이 가능한 대담한 발상을 기대해 보면 좋을 것 같습니다.

vol.9
왜 선생님이 싫어하는 걸 할까

가슴을 만지는 사건이 원에서 발생! 그 진상은

"꺄!"

원아들의 소리에 섞여 여성의 비명이 들려왔습니다. 무슨 일인가 달려가 보니,

"아이가 가슴을 만져서. 최근 자꾸 제 가슴을 만지는 아이가 있는데, 아무리 화를 내어도 안 되네요."

난처한 표정의 보육교사. 꽉 세게 잡아서 반사적으로 본인도 모르게 비명을 지르고 말았다는 것입니다. 문제를 일으킨 아이에게 큰 소리를 내어 진심으로 꾸짖는다면, 바로 그만둘지도 모릅니다. 하지만 그 전에 왜 그런 행동을 하는지 생각해봅시다.

  12월 정도가 되면 아이들은 어린이집 생활에도 익숙해져 안정적이 되므로, 자기뿐만 아니라 주변의 것들은 잘 보게 됩니다. 특히 담임 선생님을 아주 좋아하므로 복장이나 말투, 사소한 피아노 실수도 놓치지 않을 정도지요. 그리고 어떻게 하면 자기를 봐줄까를 생각하지요. 그 방법은 아이들마다 가지각색. 어른이 싫어하는 일을 일부러 하고, 자신을 보게 하는 아이들도 적지 않습니다. 가정에서도 형제자매가 있는 아이가 엄마를 독점하려고 일부러 곤란한 일을 하지는 않나요?

아이가 선생님의 가슴을 만지는 것은 "꺄!" 하며, 선생님이 일시적이라도 아이를 봐주기 때문이랍니다.

육아의 위기는 기회입니다. 긴 안목으로 봅시다

그리고 그런 행위를 그치게 하는 포인트는 두 가지가 있습니다.

하나는, 가슴을 만져도 완전히 무시할 것. 이러한 접근법은 아무리 그렇게 해도 봐주지 않는 것을 아이가 알게 하는 것입니다.

그리고 또 하나는 조금 다른 접근법으로 "저기, 선생님." 하고 말을 걸어올 때에만 전면적으로 봐주는 것입니다. 무시하는 것만으로는 안 됩니다. 반드시 대응이 필요합니다. 이것은 거짓 울음의 경우에도 효과가 있습니다.

아이의 행동에는 의미가 있습니다. 그러므로 어른이 결

과만을 보고 판단하지 말고, 왜 그런 행동을 하는지 '원인'을 생각하는 것이 중요합니다.

아기가 울 때 어떻게 하나요? 아기가 울면 젖을 달라고 하는 것인지, 기저귀를 갈아달라고 하는 것인지, 더워서인지, 몸이 좋지 않아서인지를 생각하지요? 이런 생각을 유아기의 아이들에게도 해주면 좋을 것 같습니다.

21세기는 확실히 개성 존중, 능력 중시의 시대라고 일컬어지고 있습니다. 그러므로 아이가 애를 먹일 때가 육아의 기회라고 생각합니다. 그 아이가 얼마나 욕구를 가지고 있고, 어떤 성격의 아이인가를 알 수 있기 때문입니다. 감정적으로 되는 것을 꾹 참고, 이성적으로 아이의 개성을 신장하는 방법을 해보면 좋을 것 같습니다.

vol.10
21세기이므로 미래를 진지하게 생각합시다

이번에는 아이들의 이야기가 아닌 우리들, 부모의 이야기를 합시다

21세기에 접어들었습니다. 21세기는 훨씬 미래의 일이라고 생각하고 있었는데, 세월의 흐름은 생각보다 빠르군요. 이 큰 전환기를 맞이한 지금, 그에 걸맞은 교육, 육아 이야기를 해볼까요.

20세기 말은 오래된 가치관으로부터 새로운 가치관으로의 전환기라고 일컬어지고 있지요. 경제를 중심으로 다양한 분야에서 큰 변화를 보이고 있고, 그 상징이 인터넷입니다. 좋은 일만 있는 것은 아니지만, 인터넷은 지금까지의 가치관을 송두리째 뒤집어버렸습니다.

　그런데 세상이 새롭게 변하고 있음에도 일본의 교육과 육아는 아직 오래된 가치관에 사로잡혀 있는 것처럼 생각됩니다. 그것은 우리 어른들이 낡은 사고로부터 빠져나오지 못하는 것이 원인. 낡은 사고와 새로운 시대와의 갭이 교실 붕괴와 아동학대가 되어 나타난 것은 아닐까요?
　그러하기에 지금, 한 사람 한 사람이 진지하게 21세기의 교육을 생각할 필요가 있습니다.
　우선, 우리들의 '이상적인 아이들'을 상상해봅시다. 활발하고 명랑하고 건강하며, 어른들의 말을 잘 듣고 잘 참는 아이라면 대부분의 어른들은 '좋은 아이'라고 합니다. 하지만 어른들이 하는 말에 반항하고, 자기중심적이며, 참지 못하는 아이라면 '나쁜 아이'가 되어버리지요. 여러분도 그렇게 생각하나요?

새로운 시대의 육아는 새로운 가치관으로부터 나오는 것입니다

그래도 우리가 생각하는 그런 '좋은 아이'는 지금의 시대에서는 적합하지 않습니다. 반 전체가 선생님 말씀을 잘 듣고, 모두 같은 것을 하는 것이 목적인 일본의 교육은 세계적으로 매우 낮은 평가를 받습니다. 지금은 자기의 의견을 말할 수 있는 아이가 이상적이라고 여겨지고 있습니다. 일본의 경우, 아이가 자기의 의견을 말하는 것만으로도 반항한다고 생각하지요. 전후 모두 함께 같은 것을 하도록 한 교육은 국력을 강화할 수 있었기에 중요했습니다. 그러나 그 시대에는 그것이 좋았을 수도 있지만, 아직도 그 방식에 질질 끌려가고 있는 것은 일본뿐일지도 모릅니다.

그리고 21세기에 필요한 인간형을 세계적 관점에서 살펴보면 자기 스스로 판단을 내리고, 자기 자신의 의견을 말하고, 자기 스스로 생활이 가능한 사람입니다. 그리고 그런 인간을 기르는 것이 앞으로의 교육이고, 육아인 것입니다. 하지만 제멋대로 혼자 생활하는 것과는 다릅니다. 자기의 의견을 관철하기 위해서는 다른 사람을 설득해야만 하고, 사람들과의 관계 속에서만 자신이 존재할 수 있는 것이지요. 그래서 의사소통이 중요하고, 인간적인 따뜻함, 생명의 소중함도 제대로 가르칠 필요가 있습니다.

어렵게 생각하지 마세요. 우선 미래를 상상하고, 점진적으로 해나가면 될 것입니다.

vol.11
이 이야기, 무서워

그림책은 어린이가 고르는 것이 아니라, 어른이 선택하여 제공하기

최근에 깜짝 놀란 일이 있었습니다. 서점에 갔더니 어린 아이와 어머니가 책을 고르고 있었지요. 그것은 일상적인 흐뭇한 모습이었습니다. 그러던 중 어머니가 아이에게 말을 했습니다.

"어떤 책으로 할래? 빨리 결정해."

아이는 아무리 보아도 두세 살. 선택한다는 것이 도저히 가능하지 않은 연령인데…….

결국, 그 아이는 초등학생이 읽을 만한 애니메이션 캐릭터 책을 사갔는데, 어린이집에 돌아와 교직원에게 이 이야기를 하니 다들 "그게 당연하지요."라고 해서 웃음거리가 되어버렸습니다. 서점에서 유아가 '자유롭게' 책을 선택하는 것은 이래저래 '당연한 일'인 것 같습니다.

하지만 아이가 볼 책은 부모나 보육교사가 발달에 맞추어 골라주어야 한다고 생각합니다. 아이에게는 어른이 선택한 것들 중에서 뭔가를 고를 수 있는 자유는 있지만, 서점의 수천 권이나 되는 책들 중 선택할 자유는 아직 없습

니다. 아직 그 정도까지 발달하지 못했기 때문에.

자유를 잘못 생각하면 안 됩니다. 하늘을 날 수 있는 능력이 없으면 하늘을 날 자유는 없는 것과 마찬가지로, 해당 능력이 없으면 그 자유는 부여될 수 없습니다. 그것이 '자유'의 정의입니다. 무엇이든지 하고 싶은 대로 놔두는 것은 자유가 아니라 단지 제멋대로 하라는 것이지요. 능력이 발달되지 않았음에도 불구하고 책을 고르게 하는 것은 육아 방임에 가깝다고 생각합니다.

잔혹한 장면이 많은 텔레비전 프로그램이나 게임은 좀 생각해볼 문제입니다

그리고 걱정이 되어 서점에서 아이가 고른 애니메이션 책을 참고로 읽어보았습니다. 그리고 또다시 깜짝! 사람이 잔혹하게 살해되는 장면이 나오는 것이 아니겠습니까?

일본은 성(性)에 관한 규제는 엄격하지만, 폭력에 대해서는 관대한 것 같습니다. 어린이가 보는 프로그램에서조차 폭력 장면이 있으니까요. 그렇기 때문에 어른이 주의

깊게 선택할 필요가 있습니다. 무방비로 보여주어서는 안 됩니다.

게임도 적을 물리치는 내용이 많은 것이 걱정됩니다. 자신의 캐릭터가 죽어도 리셋 버튼만 누르면 금방 살아날 수 있기 때문에. 생명은 가벼운 것이라는 생각이 마음속 깊이 새겨지는 것은 아닐까요.

물론 이야기의 내용이나 깊은 의미를 정확하게 이해할 수 있는 연령이 되면 다르겠지만, 그렇지 않다면 잔혹한 부분만 기억에 남게 됩니다. 그런 것을 이해할 능력이 되기 전까지는 애니메이션을 보여줄 때에도 가능한 한 어른이 함께해주기를 바랍니다. 그리고 잔혹한 장면이 나오면 "사람이 죽어서 무섭네." 등과 같이 말을 걸어 부모가 바른 방향으로 이끌어주어야만 한다고 생각합니다.

일에는 순서가 있습니다. 사람의 따뜻함과 상냥함, 삶의 즐거움, 생명의 존엄함을 느끼고 난 후, 그것을 파괴하는 전쟁, 살인이 얼마나 잔혹하고 무익한 것인가를 알게 하는 것입니다.

자기에게도 친구에게도, 토끼나 물고기에게도, 길에 돋아있는 풀에게도 생명이 있다, 그리고 각각의 즐거운 인생이 있다. 그러한 사실을 부모의 말로 계속 반복하여 어린이에게 가르치는 것이 중요합니다. 그리고 그것을 대신해 주는 것이 그림책입니다.

vol.12
매일, 아주 즐거워요

매뉴얼이나 데이터에 휘둘리지 말고 좀 더 유연하게

최근의 엄마·아빠는 육아에 자신이 없는 건가?

원장으로서 긴 세월 보호자들을 만나면서 이렇게 느끼는 일이 많아졌습니다. 하지만 필자는 목소리를 높여서 말하고 싶습니다. 당신의 육아 방법으로도 문제없다고요.

오늘날의 엄마·아빠는 흔히 매뉴얼 세대라고 일컬어지고 있고, 책에 있는 내용대로 하지 않으면 불안하다는 것은 알겠습니다만, 보다 자신의 감각을 신뢰하면 좋겠다고 생각합니다. 그렇게 하는 것이 책보다 훨씬 바른 것이니까요.

제 아내가 처음 출산했을 때를 이야기해 보겠습니다. 몸집이 있는 아내는 아기를 처음 데리고 왔을 때 떨어뜨리면

큰일이라고 생각하여 아기를 안아주는 것을 망설였습니다. 그것을 본 간호사가 이렇게 한마디 말해주었습니다.

"아무리 서투르게 안아도 아기에게 있어서는 그것이 가장 기분 좋은 거예요. 당신의 아기인 걸요."

필자는 그 말에 감격했습니다. 잘 생각해보면 그것은 육아의 기본이기도 하니까요. 매뉴얼에는 평균적인 영유아의 발달에 대해서는 적혀있지만 그것이 자기 아이에게 100퍼센트 맞다고는 할 수 없습니다. 자기 아이는 자기의 가치

관으로 양육할 수밖에 없지 않겠습니까? 분명히 일반적인 발달의 특징을 아는 것은 매우 중요한 일이지요. 하지만 거기에 너무 휘둘리는 것은 적절치 않다고 생각합니다. 아이에게 열이 있을 때 체온계의 숫자보다는 안았을 때 "어! 뜨겁네!" "좀 기운이 없네."라는 감각을 더 믿어야 한다고 생각합니다. 데이터나 수치에 나타나지 않는 이상한 점을 발견하는 것도 그런 유연한 감각인 것입니다.

즐겁다, 귀엽다고 느끼는 것이 육아의 기본입니다

어린이집에서도 보호자의 '유연한[fuzzy] 감각'을 중요하게 여기는 보육을 하고 있습니다. 퍼지(fuzzy)는 '애매하다' 또는 '적당히'라는 의미로 해석하는 사람도 있지만 그렇지 않고 인간으로서의 당연한 감각을 더 믿어보자는 것. 그리고 그것이 '어린이의 본질을 바라보고, 어린이의 인간성을 존중하고, 자유를 보장한다'는 21세기형 보육으로 연결됩니다. 하지만 그렇게 말해도 단순하지 않은 것이 육아지요. 짜증나는 일이 산더미처럼 많습니다.

21세기형 보육에서 중요한 것은 아이와의 거리감입니다. 곧잘 원아의 어머니로부터 "아이에게 너무 가까이 붙어있는 것이 아닌지, 너무 떨어져 있는 것이 아닌지, 스스로는 잘 모르겠어요."라는 말을 듣는데, 그것은 매뉴얼에 거리감이라고 하는 내용이 적혀있지 않으므로 모른다고 믿어버리는 것일 뿐, 사실은 알고 있습니다. 아이와 놀고 있으면서 '즐겁다', '귀엽다'라고 느낀다면 그것이 딱 좋은 거리감입니다. 짜증난다면 조금만 거리를 두거나, 너무 떨어져 있다면 가까이 가거나 하여 조정하면 되는 것입니다. 육아의 기본은 부모 스스로가 '즐겁다'고 생각하는 것. 부모의 인간성, 개성이 아이에게 있어서도 가장 기분 좋은 것이므로. 그리고 무엇보다도 '자신이 즐기는 것'이 인생 아닐까요!

▶ 나오며

　부모[親]라는 한자어는 서 있는 나무 뒤에서 지켜본다는 의미로 만들어졌다고 하는데, 한편으로는 이렇게도 이야기되고 있습니다. 친(親)이라는 글자에는 손 수(手) 변도 없고, 입 구(口) 변도 없듯이 부모는 자녀에게 입도 손도 대지 말아야 한다는 것입니다.

물론 영아기는 부모가 손을 대지 않으면 안 됩니다. 그러나 아이를 키운다는 것은 점점 손을 빼는 과정일지도 모릅니다. 그 시기가 빨라도 늦어도 안 됩니다. 아이를 잘 보고, 어디까지 스스로 할 수 있는지, 어디까지 스스로 하려고 하는지 판별하는 것이 필요합니다. 그리고 필요하다면 도와줍니다. 그것이 보고, 지켜주는 것입니다.

▶ 참고문헌

- 渡辺秀樹編,『変容する家族と子ども』, 教育出版.
- ローリー・アンシュナー&ミッチ・マイヤーソン著,『子供を愛しすぎてタメにする親』, 大和書房.
- 広田照幸著,『日本人のしつけは衰退したか』, 講談社.
- 寺脇研著,『21世紀の学校はこうなる』, 新潮社.
- 足立己幸著,『知っていますか 子どもたちの食卓』, NHK出版.
- 森昭雄著,『ゲーム脳の恐怖』, NHK出版.

지켜보는 육아
해주는 육아에서 지켜보는 육아로

| 1판 1쇄 발행 | 2021년 7월 15일

| 지은이 | 후지모리 헤이지
| 옮긴이 | 공병호·한현정
| 그린이 | 공현진

| 펴낸이 | 신은희
| 펴낸곳 | ㈜에듀넷

| 전   화 | 1833-2114
| 주   소 | 경기도 안양시 동안구 엘에스로 142
          금정역 SK v1센터 621호
| 팩   스 | 031-453-8500
| 홈페이지 | https://book.goodteacherac.com
| e-mail | info@goodteacherac.com
| 출판등록 | 2017년 5월 11일
| 등록번호 | 제384-2017-000041호
| I S B N | 979-11-90115-14-8

저자와 협의하여 인지를 생략합니다.
무단전재와 복제를 금합니다.